スワミ・アドブターナンダ

—教えと回想—

スワミ・チェタナーナンダ

スワミ・アドブターナンダ
アランバザール僧院 — 1896

スワミ・アドブターナンダ　目次

序文

多くの神秘家の生まれながらの性格は、神との直接の交感の中に秘められて、世間には知られぬままになるものである。しかし、彼らの生涯は、宗教、哲学、および神学に関するすべての図書館よりも、神について多くを教えてくれる。彼らが教えるときには、ほんのわずかなことばによるか、または沈黙によって、でさえあるかも知れない。彼らは宗教を語る人ではないのだから。しかし、偉大な魂の発した数語がよく一人の人生の針路を変えるというのは知られたことである。真剣に神をさがしもとめる人々は、神秘家にひきつけられる。その神秘家が広く知られているかいないかにはかかわらず。森の奥深くに咲きほこる花々を人々は見ないだろう、しかし蜜を求めるハチは、それらにひきつけられてゆく。

ラトゥ・マハラージと親しみをこめてよばれたスワミ・アドブターナンダは、そのような神秘家であった。彼の師シュリ・ラーマクリシュナの神的感化力と彼の慎重な訓練とによって、世間ずれしたところのないこの村の少年は、明知の聖者となったのである。彼の兄弟弟子スワミ・ヴィヴェーカーナンダは、あるときこう言った、「ラトゥはシュリ・ラーマクリシュナの最大の奇蹟です。教育をまったく受けていなかったから、彼は師に触れられただけで最高の叡知を悟ったのです」

ラトゥ・マハラージに正規の教育がなかったことは、シュリ・ラーマクリシュナの直弟子の中にあって彼を独特の存在とした。ある日、シュリ・ラーマクリシュナは、法悦の中でラトゥにこうつげた、「いつの日か、ヴェーダとヴェーダーンタの宝石が、おまえの口からあふれ出るだろう」こうしてラトゥ・マハラージは師から任命を受け、祝福されたのだった。のちにこの予言は文字どおりに実現された。あたかも、シュリ・ラーマクリシュナが、神は書物や聖典の研究をしないでも悟ることができる、霊的叡知は主知主義ではなく内的な悟りから生まれるのだ、ということをラトゥ・マハラージを通じて現代の世界に示そうとしたかのようであった。

一つのともしびの炎が他を照らすように、一人のきよらかな人生は他の人々を感化する。ラトゥ・マハラージと知り合った人々は、彼によって感化されずにはいなかった。彼は、神を愛し神のうちに生きる方法を多くの人々に教えて、彼らの心を目覚めさせた。ミシュレが『人類の聖書』に書いたように、「人は永遠なるもののきよらかさを保つ偉大な生ける泉のもとで、休み、ひと息ついて、自分に活力をあたえなければならない」ラトゥ・マハラージはそのような霊性の泉だったのである。

前述のように、神秘家の生まれながらの性格は隠され、見聞きされないままになるものであるが、世界の霊的伝承は、神がこのような聖者たちを通じて自らをあらわし、あそぶのがおすきだ、ということを示している。彼らの生涯の物語はまた、人類に偉大な感化を及ぼす。あるときスワミ・ヴィヴェーカーナンダの学識ある弟子シャラト・チャンドラ・チャクラヴァルティがラトゥ・マハラージの伝記を書きたいと言った。ラトゥ・マハラージはこれを聞いて言った、「私については何も書かないでくれ。私はつまらない人間だ。何かをお書きになりたいのならシュリ・ラーマクリシュナやスワミ・ヴィヴェーカーナンダについて書いてくれ。人々のためになる」

シャラト・チャンドラ・チャクラヴァルティはその願望をはたすことはできなかったが、のちにラトゥ・マハラージについての重要な本が三冊、ベンガル語で書かれた。シュリ・チャンドラセカル・チャットパッダイによる『シュリ・シュリ・ラトゥ・マハラージェル・スムリティカタ』と、スワミ・シッダーナンダによる『サットカタ』及び『アドブターナンダ・プラサンガー』である。

第一の本は匿名で英訳されて、一九六二年九月から一九六七年一月まで雑誌『ヴェーダーンタ・ケサリ』(マドラス〔現チェンナイ〕、ラーマクリシュナ僧院)に連載された。私が思いきってこの企画をとり上げることができたのは、この訳者のおかげである。ラトゥ・マハラージの人生と教えとについての資料の大部分はおもに第一の本と第三の本から選択して訳した。一貫しておなじスタイルと精神を維持するために、英語ですでに世に出ていた上述の第一の本から採用した部分も、再度翻訳した。それに加えて、ラーマクリシュナ僧団が出版するベンガル語の雑誌『ウドボーダン』から、若干の回想記を引用した。シスター・デヴァマータによるラトゥ・マハラージの回想を『プラブッダ・バーラタ』から転載することを許可して下さったマヤヴァティのアドヴァイタ・アシュラマのプレジデント、及び、スワミ・ニキラーナンダ訳、「M」による『ラーマクリシュナの福音』からの抜粋を転載することを許可して下さったニューヨークのラーマクリシュナ・ヴィヴェーカーナンダ・センターに感謝したい。また、ラトゥ・マハラージの伝記に語られたいくつかのできごとを確認するために、スワミ・ガンビラーナンダ編、『ラーマクリシュナの使徒たち』をおりにふれて参照した。

出版にあたって原稿の整備をたすけてくれたブラマチャーリニー・スミトラとクライヴ・ジョンソンにも感謝する。

ラトゥ・マハラージの人生と教えは、私にくりかえし、つぎの思いをおもいおこさせる。一つは、『キリストにならいて』の中のもの、「空の空、いっさいは空である。神を愛すること、神のみにつかえることを除いては」もう一つはサンスクリット聖典のことばである。「聖者と共に過ごすひとときは、マーヤーの荒海をわたるのをたすける渡し舟のようなものである」

スワミ・チェタナーナンダ
ミズーリ州セント・ルイス
一九八〇年四月一五日

発刊のことば

シュリ・ラーマクリシュナの直弟子はそれぞれ偉大で個性的な方々でした。スワミ・ヴィヴェーカーナンダやスワミ・ブラマーナンダの偉大さは多くの人によく知られていますが、師の無学で素朴な弟子で、最高の聖者となったスワミ・アドブターナンダがどれほど偉大な方であったかをご存じの方はほとんどおられないでしょう。「スワミ・アドブターナンダの生涯」という表題のこの本を読むことで、スワミ・アドブターナンダの生き方と教えが正しく読者の心に刻まれ、この偉大な魂を知ることによって読者の魂が鼓舞されることを望みます。

本書は当初当協会の会報「不滅の言葉」誌に翻訳掲載されたものです。誌の読者はアドブターナンダジの生涯とメッセージの内包する真の素晴らしさと美しさに、深い感銘を受けました。そしてこの連載が一冊の本の形で出版されることを待ち望んでいました。その方々の期待に応え、今その方々のために、そしてすべての日本の求道者のためにこの本を世に出すことができ、うれしく思います。

この本を英文から日本語に翻訳された笠原由美子さんと、編集を担当された深沢順子さん、および今回の出版にさまざまの援助をおしまなかった本協会の信者の皆様に、心から御礼申し上げます。

最後に、セントルイス・ヴェーダーンタ協会の長であり、この本の英文の著者で出版者であるスワミ・チェタナーナンダに日本語訳の出版を許可して頂きましたことを深く感謝いたします。

二〇〇〇年二月七日

日本ヴェーダーンタ協会

第一章　少年時代

ラトゥ・マハラージの少年時代のことはあまり知られていない。他の多くの神秘家と同じく、彼は自分のことを語りたがらなかった。彼に子供時代のことをたずねると、彼はこう言うのだった、「あなたは神をなおざりにしてこのつまらない人間の話をしようというのか？　ばかを言いなさい。そんな小さなことで私をわずらわさないでくれ」つづいておごそかな沈黙がおとずれ、その話題は打ち切られるのがつねであった。

ラトゥ・マハラージの子供時代について知られているわずかなことがらは、彼が時おりもらした言葉からまとめられた。彼は、おそらく一九世紀の中ごろより少しあと、インドの北東部、ビハール州のチャプラ地区に生まれ、ラクトゥラームと名づけられた。この名は「おおラーマよ、あなたがこの子の守護者であられますように」という意味である。彼の父親はまずしい村人で、両親は身を粉にしてはたらいていたが、家族に十分な食事を一日一度、やっと与えられるだけだった。父親も母親もラクトゥラームが五歳になる前に亡くなった。ラクトゥラームを非常にかわいがっていた叔父に子供がなかったので、彼は叔父のもとに預けられた。

ラクトゥラームは村で成長し、野原で牛や羊の番をする他の少年たちと多くの日々を過ごしながらのんきに暮らしていた。時おり彼は一人でとなりの村にまでさまよい歩いたので、そんな時には叔父は彼をさがしに行かなければならなかった。彼はしかられはしたが、あまり効果のなかったのは確かで、あいかわらず歩きまわっていた。後年彼はそのころの気分をかいま見せたことがある、「私は牛飼いの少年たちと自由にさまよい歩いたものだ。彼らは何と純真で無邪気だったことか！　あなたがたもあのようでなければ本当の喜びを味わうことはできない」

当時のインドの村では、正規の教育はごく基礎的な読み書き算数だけで、孤児の場合はそれを受けることさえもまれであった。ラクトゥラームは正規の学校教育の初歩すら受けなかった。だからといって彼がより広い意味での教育を受けなかったことにはならない。彼の生きていた世界、すなわち村の世界はヒンドゥの宗教や文化に豊かで、その世界が彼の基礎的な教育のもととなった。

ラクトゥラームに正規の学校教育が欠けていたことは、後年の彼の最もきわだった性格の一つとなり、兄弟僧たちの中にあって彼を独特な存在とした。彼の心は知的分析によってととのえられておらず、疑うための訓練もうけていなかったので、おそらくそれゆえに、彼の霊性の師、シュリ・ラーマクリシュナの教えを、疑うことを知らない純真さをもって吸収したのである。学識によるさまたげがなかったので、後年彼は、あらゆる机上の論理をしのぐばかりでなく新鮮さをもそなえた深遠な霊的叡知を、身をもって示した。彼の兄弟弟子の一人であるスワミ・トゥリヤーナンダは、彼についてこう語った、「私たちの多くは、神に到達する前に理性的な知識という泥水をくぐり抜けなければなりませんでしたが、ラトゥはハヌマーン（注一）のようにそれを飛び越えました。彼の生涯は、俗世のけがれに触れずに神のうちに生きる方法を、教えているのです」

ラクトゥラームの叔父はラクトゥラームの両親ほど貧しくはなかったが、分不相応に浪費しがちだったので、ついには借金をかかえた。しまいには家や財産を全部債権者に売らなければならなくなった。生計を立てる手段を都会で見つけようと、ラクトゥラームと叔父は何百キロも歩いてカルカッタに向かい、着いたときにはほとんど無一文となった。

村では、分け与える食物を他の人々が持っていれば、人が飢え死にすることはない。これとは対照的に、都会の人々は、無一文の新参者をつめたくあしらうばかりか、つらく当たることもしばしばである。さいわい、前にカルカッタに来てラームチャンドラ・ダッタという医者の事務所ではたらいている村の古い知り合いがいた。その友人を通じてラクトゥラームはラームチャンドラの家の召し使いとしてやとわれた。

ラクトゥラームがカルカッタに到着した実際の日付はわかっていないが、そこに来たときラクトゥラームは若かった。彼は勤勉で忠実な召し使いであり、家の品々の買い物をしたり、事務所にいるラームチャンドラに昼食を届けたり、子供を公園に遊びにつれていったり、家のあらゆる片手間仕事をこなした。日課は忙しかったが、彼はレスリングやその他の運動をする時間も作っていた。

ラクトゥラームは、子供時代につちかわれた生まれながらの率直さと正直さを持っていて、世間ずれしたところがなかったので、ラームチャンドラは彼を信頼するようになった。あるときラームチャンドラの友人が、買い物用のお金からラクトゥラームが小銭を盗んでいるのではないかと疑たがった。ラームチャンドラを助けるつもりで、その友人はラクトゥラームにたずねた、「君、正直に言うんだ。今日はいくらくすねた?」ラクトゥラームはきっぱりと言い返した、「旦那さま、私は召し使いです、泥棒ではありません」その答が堂々としていたので友人は機嫌をそこねてラームチャンドラに不満をうったえた。しかしラームチャンドラは少年の味方をして言った、「彼は泥棒ではない。必要なものは何でも、彼は妻に頼んでいる」

(注一)ヒンドゥーの叙事詩、ラーマーヤナによると、ラーマの愛妻シーターは魔神ラーヴァナにさらわれてスリランカに連れ去られた。ラーマの信奉者ハヌマーンはシーターをさがしに行き、インドからスリランカまでひと跳びで海を越えた。

第二章　シュリ・ラーマクリシュナのもとで

ラクトゥラームはカルカッタの新しい環境の中で「ラトゥ」として知られるようになり、以後その名で呼ばれた。シュリ・ラーマクリシュナは、出身の村のなまりで、ラトゥのことを「レト」とか「ノト」と愛情をこめて呼んでいた。後年シュリ・ラーマクリシュナの出家の弟子の筆頭であったスワミ・ヴィヴェーカーナンダが、おどけてラトゥを「プラトー」（プラトン）と呼ぶこともあった。ラトゥはラトゥで、スワミ・ヴィヴェーカーナンダを出家前の「ナレン」という名で呼んでいたが、出身のビハール地方のなまりで「ロレン」としか言わなかった。

シュリ・ラーマクリシュナは、カルカッタの数キロ北、ガンガー（ガンジス川）東岸のダクシネシュワル寺院の境内に住んでいた。何年かの間、彼は、母なる神の一つのすがたである女神カーリーの聖堂の神職であった。女神カーリーへの彼の帰依はきわめて熱烈であり、その熱情とはげしい霊的修行とが最高潮に達したとき、ついに彼は明知を得たのであった。その後、シュリ・ラーマクリシュナは、ヒンドゥの諸宗派や他の世界的宗教をつぎつぎに遍歴し、おのおのの戒律にしたがって、そこでも明知を得た。彼は自分自身の経験から、究極の「実在」に達するには多くの道があるのだ、「真理」は一つである、と言うことができたのである。

何年もの霊的修行を終えると、彼は自分の悟りの成果である教えをさずけることのできる信者や弟子を待ちのぞむようになった。夕方になって寺院で夕拝が始まると、彼は近くの建物の屋根にのぼって「おいで、おまえたち。おまえたちはどこにいる？」と大声で呼んだものである。少しずつ弟子が集まりはじめた。ラトゥの雇い主であったラームチャンドラ・ダッタは、弟子としてシュリ・ラーマクリシュナのもとに来た最初の人々の一人だった。

ラームチャンドラは信仰心が深かったので、師のことを語るのが好きだった。そうして彼は神にたいするラトゥの熱情的な愛を燃え立たせたのであった。ある日、ラトゥはラームチャンドラがシュリ・ラーマクリシュナの教えのいくつかをくりかえしているのを耳にした。「神は人の心の中をごらんになる。その人が何者か、どこにいるのかは気にしない。神をしたう人、神以外の何ものも求めない人、そのような人に神はみずからをあらわされる。純真できよらかな心をもって神を求めなければならない。心から神をしたわなければ、神を見ることはできない。人はひとりで神に祈り、神を思って泣かなければならない。そうして初めて、神は恵みを与えてくれる」これらの言葉にラトゥは強い感銘を受けた。そのころでさえ、ラトゥが毛布にくるまって横たわりながら、そっと涙をぬぐっているのがときおり見られた。しかし、彼は自分がなぜ泣いているのかを誰にも打ち明けなかった。

ラトゥはシュリ・ラーマクリシュナに会う機会を待ちこがれていた。ある日曜日（一八七九年の終わりあるいは一八八〇年の初めごろ）、ラームチャンドラがダクシネシュワルに出かけようとしていたとき、ラトゥは「私もおともさせてくださいませんか？ シュリ・ラーマクリシュナにお会いしたいのです」とたのんだ。ラトゥの真剣なようすを見て、ラームチャンドラは承知した。シュリ・ラーマクリシュナがラトゥに会ったとき、彼はラームチャンドラにたずねた、「ラーム、おまえがこの子を連れてきたのかい？ どこで彼を知ったのかね？ 彼には尊いしるしがある」シュリ・ラーマクリシュナはラトゥにすわるように言って、永遠に自由な魂について話しはじめた。「永遠に自由な魂の持つ知識は、いわば、ベールをはがすだけになっているようなものだ。彼らは地下の泉のようだ。石工が土を掘ってそれをふさいでいる石をのぞくまで、泉はおおわれている。石を取りのぞくと、水が流れはじめるのだ」こう言ってシュリ・ラーマクリシュナがラトゥにふれると、少年は法悦境に入った。

やがてラトゥはシュリ・ラーマクリシュナに深く帰依するようになった。師に初めて会ってからほどなく、ラトゥは初めのころの熱心さでラームチャンドラのために働くことに困難を感じるようになった。ある日、そのことをラームチャンドラがシュリ・ラーマクリシュナにふともらすと、シュリ・ラーマクリシュナは「ラトゥがそのようにふるまうのは無理もない。ここに来たがっているのだ。いつかもう一度彼をここによこしなさい」と言った。

翌日、ラームチャンドラはラトゥをダクシネシュワルにやった。シュリ・ラーマクリシュナのところにはちょうど一人の医師が会いに来ていたところで、シュリ・ラーマクリシュナにしばらくの間カルカッタ地方を離れて転地するようすすめていた。それは、カルカッタの一〇〇キロ北西の、師の生地であるカマルプクルの村に行け、ということだった。

シュリ・ラーマクリシュナはラトゥに会うと、「レト、この場所（ラーマクリシュナ自身を指す）にきたために自分の仕事をおこたるようになってはいけないよ。ラームはおまえに住まいや、食べもの、服、おまえの必要なものを何でもくれる。ラームの家のつとめをおこたるのはよくない。恩知らずにならないよう気をつけなさい」と言った。

おしかりを受けて、ラトゥの眼に涙がにじんだ。ラトゥは言った、「私はこれ以上仕事につきたくないのです。私はここにとどまってあなたにおつかえすることだけを望んでいます」

「しかしおまえがここにとどまったら、誰がラームの家族のために働くのか？」とシュリ・ラーマクリシュナはやさしく答えた、「ラームの家族は私の家族でもあるのだよ」

ラトゥはとうとう泣き出して、「私はあそこにはもう帰りません。ここにいたいのです」と答えた。

「でも私はここにはいなくなるんだよ」とシュリ・ラーマクリシュナは言った、「私はカマルプクルに行く。私がもどったらまたおいで」

その少し後、ラトゥは、シュリ・ラーマクリシュナが語ったすばらしい教えを聞いた。それは他の信者に与えられたのだが、ラトゥには、それが自分にぴったりあてはまるように思われた。「一家のつとめを全部はたしなさい。しかし、神のことを思いつづけなさい。わが身内として、妻子や父母につかえなさい。しかし、彼らは自分の所有物ではない、ということを常に知っていなさい。女中は、裕福な主人の家で働いていても、故郷の自分の家と家族のことを思っている。彼女は主人のおさない子供たちのめんどうをみて、『私のラーム』とか『私のハリ』と言う。しかし心の奥では、彼らは自分のものではない、ということを知っている」

また別の日、ラトゥは師をたずねてダクシネシュワルにやってきたが、それはもはや、師が自分の村の家にむかって出発したあとだった（注一）。しかし、この知らせを聞いても、どうしても師に会いたいという気持ちは弱まらなかった。彼はガンガーの川岸にすわって泣きはじめた。ラトゥはだれかから、シュリ・ラーマクリシュナはいつもダクシネシュワルにいて、だれでもたずねて行けば彼に会えると聞いたことがあった。その信念をしっかりと心にいだいて、少年は昼間から夕方までそこにすわっていた。

シュリ・ラーマクリシュナにはラームラールという甥がいて、当時ダクシネシュワルに住んでカーリー寺院の神職として雇われていた。彼はその日少年が寺院の境内にいるのに気づいていた。彼自身の言葉によると、「私は何度もラトゥに『師は家にお帰りになった』と言いました。すると彼はそのたびに『いや、あなたはわかっていません、師は絶対にここにいらっしゃるのです』とくりかえすのでした。少年を納得させることができないとわかったので、私は夕拝をとりおこなうために聖堂に行きました。夕拝が終わると、ラトゥが食べるようにとプラサード（お供えの食べもののおさがり）をたずさえてラトゥをおいてきたところにもどりました。そこで私はラトゥがひれふしぬかづいているのを見出しました。ふしぎに思って私はだまって立っていました。少しすると少年は起きあがり、私が前に立っているのを見ておどろいたようすで、私に『ああ、師はどこに行ってしまわれたのですか？』とたずねるのです。あきれて私は彼にプラサードをわたして聖堂にもどりました」

八カ月後、ようやくシュリ・ラーマクリシュナはダクシネシュワルにもどってきた。ある日、ラームチャンドラは師のために花と果物とを持たせてラトゥをまた寺院の庭園に行かせた。夕方になると、シュリ・ラーマクリシュナはラトゥに泊まってゆけと言った。夕食の後、師の求めに応じてラトゥは師の足をマッサージしはじめた。その場にいた信者ケダルナート・チャッタージーは次のようなやりとりをおぼえていた。

シュリ・ラーマクリシュナがラトゥにたずねた、「眠いのかい？」

ラトゥ「いいえ」

シュリ・ラーマクリシュナ「何かがこわいのか？」

ラトゥ「いいえ」

シュリ・ラーマクリシュナ「心がみだれているのか」

ラトゥ「いいえ」

シュリ・ラーマクリシュナ「ほんとうに眠くはないのか？」

ラトゥ「はい」

シュリ・ラーマクリシュナ「それではなぜおまえの眼はそんなふうなのか？」

ラトゥ「わかりません」

少しして、ラトゥは泣きはじめた。シュリ・ラーマクリシュナは「なぜ泣くのか？　どうしたというのだ、言ってごらん」とたずねた。そしてケダルナートをかえりみて、「この子をごらん。泣いているのに私に何も言おうとしない」と言った。

ケダルナートは、「あなたのおあそびでございます、師よ。あなたが霊性の力をお伝えになったので、彼は法悦境にあるのです」と言った。

ラトゥはダクシネシュワルに三日間滞在した。三日目になると、シュリ・ラーマクリシュナはラトゥに「ラームが心配している。もう帰りなさい」と告げた。

ラトゥはただちに答えた、「私がここにとどまってもご主人はお怒りになりません。もう、仕事を全部やってくれる新しい召し使いをやとったのです」

「それはなんだ？　おまえはここにとどまるというのにラームから給料をもらうのか？　だれかから給料をもらうならばやはりその人のために働かなければならない。私は、だれかにつかえながら他の者から金をもらう人間のことなど聞いたこともない」と師は答えた。

こう話しているちょうどそのときに、シュリ・ラーマクリシュナの部屋に、師に会いにきたラームチャンドラと妻が現われた。シュリ・ラーマクリシュナは彼らをかえりみて言った、「この子をごらん。私が『家にお帰り』と言うと、彼はわらって『私がここにいても、主人は怒らないでしょう。私は帰りたくありません』と言うのだ。これはいったいどういうことなのだ？　なぜ彼がここにとどまってつとめを忘れるのか？　さあ、ラーム、私が言ったように、彼を説得しなさい」

「師よ」ラームチャンドラは答えた、「あなたが、あなたの愛でこの子のあたまを変えておしまいになったのです。あなたが私にそんなことをせよとおっしゃるとは、おどろきです」

するとシュリ・ラーマクリシュナはほほえんだ。「どんな甘露がこの少年をここにひきつけたのか？　私は何も知らないよ」

このときはラトゥはカルカッタに帰った。しかし、ラームチャンドラの妻がどんなに骨おっても、少年をなだめることはできなかった。「私はこれ以上ここでのつとめをやりたくありませんし、お金をいただきたくもありません」と彼はきっぱりと言った。「ラーム・バーブに、私はこれからはダクシネシュワルにいたいとお伝えください」

ラームチャンドラの妻は、「でもダクシネシュワルではだれがおまえに食べものや着るものをくれるの?」とたずねた。

ラトゥは答えた、「私はシュリ・ラーマクリシュナにおつかえするのです。食べるものはあそこのお寺からプラサードをもらいます。着るものはあなたがたがくださるでしょう」

彼女は、「でもおまえがここで働かないのならどうしてご主人さま(ラームチャンドラ)が着るものをくださるかしら?」と指摘した。

「そんなこと。ラーム・バーブは私を愛してくださいます。彼が着るものをくださらないでしょうか?」とラトゥは答えた。

ラームチャンドラの妻はラトゥの無邪気さと正直さとに驚嘆して、わらった。

一八八一年六月、シュリ・ラーマクリシュナの甥で、何年も師につかえてきたリドイが、ダクシネシュワルを去った。ラームチャンドラはさっそくシュリ・ラーマクリシュナにつかえるようラトゥを彼のもとに送ってよこした。二日後、ラームチャンドラ自身がダクシネシュワルをおとずれると、シュリ・ラーマクリシュナは彼に「この子がここにとどまるのを許してやっておくれ。彼はとてもきよらかな人間だ」と言った。ラームチャンドラはよろこんで承知した。

ダクシネシュワルで、ラトゥは、たえず師につかえながら、シュリ・ラーマクリシュナの指導のもとにきびしい霊的修行の生活を始めた。彼は、グルへの絶対服従を旨として生活の型をきめた。彼が、師につかえるにも霊的に奮闘するにも見せた、妥協のないひたむきな態度と情熱とをあらわすできごとは、数多くある。

シュリ・ラーマクリシュナはあるときラトゥに言った、「酒と女と金には注意しなさい。これらのものは、神へのうたがいをつくりだす障害物だ。酒を飲んだ後に瞑想する者や女に執着するヨギは、両方とも偽善者であり、自分をだましているだけなのだ」

ラトゥ自身はのちに言った、「ある日、私はダクシネシュワルからカルカッタのラーム・バーブの家に行こうとした。コシポル通りの辻に酒屋があったのだが、そこを通りかかると、なぜかはわからないままに、私の心は落ち着かなくなった。ダクシネシュワルにもどってからそのことを師に話すと、師は『酒のにおいがおまえの心をみだしたのだ。これからはそれを避けなさい』とおっしゃった」

ラトゥは師の教えに言葉どおりにしたがった。ある日、シュリ・ラーマクリシュナにラームチャンドラがそのことを話した、「あなたはラトゥにどうせよとおっしゃったのですか？ あなたのおすすめにしたがうために、彼はカルカッタまでどこかのまわり道をとおって一三キロ歩くのです（通常の距離は六キロ）」

シュリ・ラーマクリシュナは「そんなことをせよと言ったおぼえはない」と言った。

ラームチャンドラは言った、「あなたが酒のにおいを避けよと彼におっしゃったのです。それで、彼は酒の売られている店のそばをとおろうとしないばかりか、店のある通りを歩こうともしないのです。彼は別の道をとるのです」

そこでシュリ・ラーマクリシュナはラトゥに告げた、「レト、私はおまえに酒のにおいをかぐなと言ったのだ。酒の売られている通りを歩くことを禁じたのではない。店のそばをとおっても害はないよ。これ（自分のからだを指さして）を思い出しなさい。そうすれば、酒がおまえをまどわすことはできない」

ラトゥはまずシュリ・ラーマクリシュナに会ってあいさつをしないうちは一日を始めようとはしなかった。ある朝、何かの理由で彼が初めに目ざめたときシュリ・ラーマクリシュナの姿が見えなかったので、彼は「どこにいらっしゃるのですか？」と叫んだ。

シュリ・ラーマクリシュナは「ちょっと待ちなさい。すぐ行くよ」と大きな声で答えた。ラトゥは師が来るまで手を目にしっかりと押しあてていた。それから手を離してあいさつをした。

別の日の朝、すぐにシュリ・ラーマクリシュナの姿がみえなかったとき、ラトゥはまた、師に部屋にきてくださいと呼びかけた。しかし今度は師はラトゥに外に出よと答えた。シュリ・ラーマクリシュナの部屋に隣接した西洋風のベランダに歩み出ると、師は花壇にいた。ラトゥは「何をしておいでなのですか?」とたずねた。

師は、「きのう、ある信者がおまえにサンダルを一足もってきてくれたのだが、片方しかないのだ。ジャッカルが片方を持っていってしまったのかもしれないと思ってさがしているのだよ」と答えた。

ラトゥはこまったような口調で「どうぞこちらにおいでください。サンダルをさがさないでください」と言った。

師は答えた、「だがおまえがあたらしい靴をはけないのはかわいそうだ。その信者が持ってきてくれたのはついきのうのことなのだからね」

ラトゥは気をもんで言った、「どうぞおやめになってください。あなたが私のサンダルをずっとさがしていらっしゃると、私の害になります。私の一日がまるまるむだになってしまいます(注二)」

シュリ・ラーマクリシュナは答えた、「本当にむだなのはどんな日かわかるかい? 主の御名がたたえられない日なのだよ」と答えた。

ラトゥは、シュリ・ラーマクリシュナが自分の部屋にシュリ・チャイタニヤの絵をほしがっていることを知り、翌日カルカッタのラームチャンドラのところへもらいに行った。師はあたらしい絵が部屋にあるのを見て、たずねた。「この絵をほしいとおまえがたのんだらラームが聞きとどけてくれたのか? 私の名でたのんだのか?」

「いいえ、あなたの名は申しませんでした。私はただチャイタニヤの絵がほしいと彼にたのんだのです」と、ラトゥは答えた。

「それでいいのだ」とシュリ・ラーマクリシュナは言った。「それで彼は何と答えた?」

「彼は私にマザー(ラームチャンドラの妻)のところ

にたのみに行けと言いました」

「よろしい」とシュリ・ラーマクリシュナは言った。「決して私の名前で何かをたのむんじゃないよ（注三）」

シュリ・ラーマクリシュナは、神にいたるさまざまの道をすべて調和させることの必要性をつねづね強調していた。あるとき、彼は弟子たちのグループにこう語った、「かたよってはならない。主にたいする私たちの態度は、多くの楽器で構成されたたぐいまれな交響楽のようでなければならない。それはたくさんの料理のあるうたげだ」彼は、この理想を若い弟子たちの生活の中でそだてようとして非常に苦心した。彼は四つのヨーガによって弟子たちをみちびいた。識別の道、帰依の道、無私の行為の道、そして瞑想の道である。同時に、彼は、個々の弟子の気質にもっともふさわしい特定のヨーガを選び、その弟子の霊的エネルギーを目ざめさせるためにその道をすすめた。

ラトゥは正規の学校教育を受けたことがなかったので、師はラトゥがせめて基礎的な教育だけでも身につけるようにとねがって、みずから、ラトゥにベンガル語のアルファベットをひととおり教えようとした。ラトゥに初めのほうの文字をいくつか見せながら、シュリ・ラーマクリシュナは注意ぶかくそれらのただしい発音をきかせて、それをくりかえせと言った。しかしこの少年はビハール生まれだったので、彼の発音はベンガル語の発音とずいぶんちがっていた。師はたいそう面白がりながら何度も彼の発音を正したが、同じことだった。師もラトゥも笑いだし、その日のけいこは終わりになった。三日間このこころみはつづいたが、結局師はがっかりしてあきらめ、ラトゥに「おまえの本の勉強は、もうやめだ」と告げた。こうしてラトゥの教育は終わった。

シュリ・ラーマクリシュナはラトゥが情緒ゆたかな性格であることを知っていたので、ラトゥに、信仰の歌を詠唱するキルタンに参加するようすすめた。以下のできごとはラームラールによって語られたものである。

「ある日、コンナガルから数人の信者がダクシネシュワルに来て、師のいらっしゃるところで主の御名をうたいはじめました。師とラトゥも歌にはいりました。ラトゥがそのようにして仲間にはいるところを見たのは初めてでした。彼は隅にすわっていましたが、師がラトゥを呼ぶと、すぐにすすみでて、まもなく踊りはじめました。しかし、やがて彼は疲れて横たわりました。師はそれをごらんになり、ラトゥの倒れふしたからだをめぐって踊りながらラームナーム（主ラーマに歌をささげる伝統的な礼拝）をうたいはじめられました。師がラームナームをあれほど美しくうたわれたのを私はそれまで聞いたことがありませんでした。コンナガルから来た信者の一人は、歌の雰囲気に圧倒され、感激して師の足もとにひれふしました」

ある晩、ラトゥはシュリ・ラーマクリシュナを扇であおいでいた。ラトゥは一日じゅう懸命に働いたので眠かったのだが、にもかかわらずシュリ・ラーマクリシュナへの奉仕はおこたらなかった。師はそれをみな知っておられ、半分はからかうように、半分はまじめに、ラトゥにたずねた、「レト、神はお眠りになるかならないか、わかるか？」

ラトゥはこの質問におどろいて、わからないと答えた。

すると、少し真顔になって、シュリ・ラーマクリシュナはつづけた、「世界じゅうの人はみな眠るが、神はお眠りにならない。というのは、神がお眠りになると、宇宙が真っ暗になって消えてしまうからだ。神はご自分の被造物たちの世話をして、昼も夜も起きていらっしゃらなければならないのだ。彼らがこわがらずに眠れるようにね」

ラトゥはびっくりした。「神さまの被造物たちが眠っている間、神さまは彼らの世話をしていて、彼らは神さまから、自分たちのご主人から、世話を受けているとおっしゃるのですか？」

「そうだよ」とシュリ・ラーマクリシュナは言った、「そのとおりだ。神はご自分の被造物たちをねかしつけて、彼らの番をするためにずっと起きておいでになるのだ」

霊的生活にたいするラトゥの頑固一徹な取り組みかたを特によくあらわしたできごとがある。ダクシネシュワルである夕方早くにラトゥはぐっすり眠ってしまった。師は弟子が眠っていることに気づき、彼を起こしたばかりでなくきびしくいましめた、「夕方眠ったらいつ瞑想するのだ？ 気づかないままに夜が過ぎるくらい深く瞑想しなければならないのだ。なのにおまえのまぶたはめでたい今の時間に眠りでふさがりそうだ。おまえはここに寝にきたのか？」

それで十分だった。師の叱責でラトゥの心にはまさに大変動がおこった。彼自身こう語った、「師のお言葉を聞いて私がおちいったふかい悲しみをどうあらわしたらよいだろうか？ 『私は何とあわれな人間だろう』 私は思った、『こんな神聖なお方のそばにいるというまれな祝福をいただきながら、時間をむだにしている』 私は心をむち打ちはじめた。思いきって目に水を打ちかけ、ガンガーの川岸を足ばやに歩きだした。からだがほてってくると、もどって師のおそばにすわった。またうとうとしたら、また歩きだした。こうして私は一晩中たたかったのだ。たたかいはつぎの晩もつづいた。ひどいたたかいだった。日中眠りが私の目をうち負かしたが、私はあきらめなかった。たたかいは昼も夜もつづいた。そしてついに、夜の眠りを征服した、しかし昼の眠りはだめだった」

二年の奮闘ののち、ラトゥは睡眠にうち勝ち、夜眠ることは二度となかった。スワミ・サラダーナンダはこう書いた、「いつも変わらずラトゥは一晩中祈り、瞑想して、昼間に眠っていました。彼の生活はギーター（二一・六九）の教えの文字どおりの実例でした。『すべての生きものにとって夜であるときに、自己を支配する人は目ざめている。すべての生きものが目ざめているところ、見る賢者には夜がある』」

ある日、昼食の後、シュリ・ラーマクリシュナはラカール（のちのスワミ・ブラマーナンダ）にキンマ巻き（訳注＝ビンロウジの種子を葉でまいたもので平たい三角形をしている。口内清涼剤としてかむ）を少しつくってくれるようたのんだ。インドでは食後によくキンマ巻きをかむ。ラカールはキンマ巻きの作りかたを知らないと答えた。

「妙なこと」とシュリ・ラーマクリシュナは言った、「キンマ巻きの作りかたをおぼえるのに見習い職人になって訓練をうけなければならないというのか。行って、つくってもってきなさい」

それでもラカールは動かなかった。そこにいたラトゥはいらいらしたが、ラカールは気にとめなかった。実際、まるでラトゥをからかうためかのように、ラカールはシュリ・ラーマクリシュナにさからいつづけた。

ついにラトゥの堪忍袋の緒がきれた。師の前で彼はラカールに言った、「どうしたんだ？ 師の言うとおりにしないのか？ それにきみは師と言いあらそっている！ きみのふるまいはおかしい！」

ラトゥの売り言葉に買い言葉でラカールは言い返した、「そう思うなら自分でやりに行ったらいいじゃないか。僕はやらない。生まれてこのかたキンマ巻きを作ったことなんかないんだ」

このころには、ラトゥの怒りは高みに達していた。彼はベンガル語半分、ヒンディー語半分の言葉でわけのわからないことをしゃべり散らしていた。

師はこのさわぎを面白がって、甥のラームラールを呼んだ、「面白いぞ、見においで！ このふたりのあらそいをまあ見てごらん」それから彼はつけ加えた、「さあ、ラームラールや、ラカールとラトゥのどちらがえらい信者か言ってごらん」

ラームラールは師のねらいを察して言った、「ラカールのほうだと思います」

ラトゥはこの意見を聞いて激情にかられ、つっかえながら叫んだ、「ああ！ なんという裁決だ！ ラカールは師にさからった、なのに彼のほうがえらい信者だとは！」

ラトゥのはげしい怒りを見て師は笑って言った、「おまえの言うとおりだ、ラームラール。そうだ、ラカールの信仰心のほうが上だ。ラカールがどんなにたやすくほほえんで話しているかをごらん」そしてラトゥを指さしてつけ加えた、「それにひきかえラトゥのひどい怒りようといったら！ ほんものの信者が主の御前で怒りを見せることができるかね？ 怒りは悪魔のようだ。怒ると愛も信仰心も羽がはえて飛んでいってしまう」

ラトゥは急所をつかれた。恥ずかしさと憤懣とが同時に彼をおそい、彼の目に涙が浮かんだ。彼は師に言った、「私はあなたの前でもう二度と怒りません。おゆるしください」

以下のできごとはスワミ・ブラマーナンダによって描写されている。

「ラトゥは、師の指示にしたがって、ある朝瞑想のため私たちを起こした。まだ夜が明けやらぬころであった。私たちはいそいで洗顔をすませると、ジャパム（主の御名をくりかえす）をおこなうためすわった。師は私たちに言われた、『今日は主の御名を一心にくりかえして深くもぐりなさい』そして師はうたいはじめられた。『目ざめよ、おお、マザー・クンダリニよ、目ざめよ（注四）』そして私たちのまわりを何度もまわられた。不意に、私たちがジャパムをする間、師はつづけられた。はっきりした理由はないのに私の全身がはげしくふるえた。同時に、ラトゥがさけび声をあげた。師はラトゥの肩に手を置き、彼をおさえて、言われた、『立つな。そのままでいなさい』ラトゥがはげしい苦痛を感じているのがわかった。が、師は彼を立ちあがらせようとしなかった。ややあって、ラトゥが通常の意識をうしなっているのがわかった。師は依然同じ歌をうたいつつ、それを一時間以上つづけられた。このように、歌をさえつうじて師は私たちに霊的な力を注ぎこまれたのだった」

ラームラールは別の逸話を語る。

「ある日、師はラトゥを瞑想のためシヴァ聖堂の一つにつかわされました。午後おそくになってもラトゥのすがたが見えないので、師は彼のようすを見に行けと私にお命じになりました。聖堂に入ると、私は、ラトゥが深い瞑想の中で汗びっしょりになって不動のまますわっているのを見ました」

「私が師に見たことを告げると、師みずから扇をたずさえて聖堂に行かれました。師は私に、水を一杯持ってこい、と言われました。私が中に入ると、師はラトゥを扇であおいでいらっしゃいました。ラトゥはふるえはじめました。師は言われました、『さあ、もうたそがれ時だよ。おまえはいつあかりを置いてともしてくれるのかい?』師のお声でラトゥはゆっくりと意識を取り戻しはじめました。目を開けると自分の前に師がいらっしゃるのでラトゥはきつねにつままれたようすでした」

『おまえは汗びっしょりだ』と師は言われました、『座を立つ前にもう少し休みなさい』」

「このころまでに、ラトゥは事態に完全に気づきました。『何をしていらっしゃるのですか!』と彼はさけびました。『これでは私の面目がつぶれるではありませんか。おつかえすべきは私なのです!』」

「師は愛情をこめて言われました、『ちがうのだよ、私がつかえているのはおまえではなくて、おまえの中にいらっしゃる主シヴァなのだ。こんなたえがたい暑さの中では、主は居心地がお悪かったろう。主がおまえの中に入ってこられたのを知っていたか?』」

「ラトゥは答えました、『いいえ、私は何も知りません。リンガ(シヴァの象徴像)をじっと見つめていると、すばらしい光が見えました。その光が聖堂全体にみちあふれたことをおぼえているだけです。そのあと私は意識をうしなったのです』」

シュリ・ラーマクリシュナは、瞑想が深まった人の特徴をこう言いあらわされた――鳥が、何か生気のない物体だと思って彼の頭に止まる。蛇がからだに這いのぼってくるが、彼はそれに気づかない。彼の瞑想はあらゆる環境のなかでとぎれることなく続く。目が閉じていても開いていても、また話したり歩いたり何か仕事をしたりしている間も――。シュリ・ラーマクリシュナのもう一人の出家の弟子、スワミ・アドヴァイターナンダは、次のできごとを語っている。

「ある日、ラトゥはガンガーの河岸で瞑想していました。彼はいつも、満潮の間に水があがってくるより上に、すわる場所を選んでいたものです（カルカッタはガンガーの河口にかなり近く、潮の影響がある）。しかしその日は水が異常に高くせりあがってきて、彼が瞑想してすわっているところにまできました。そしてまだあがりつづけていました。ところがラトゥはあまりに沈潜していたので水に気づかなかったのです。私は心配してこのことを師に報告しました。師はあわててそこに行き、水につかりながらラトゥのところまで歩き、彼を通常の意識にもどされました」

ある夕方のこと、ラトゥは瞑想することができず、気落ちして聖堂から師の部屋にもどってきた。師は言われた、「どうしてこんなに早くもどってきたのだ?」

ラトゥ「ジャパムに集中できないのです」

シュリ・ラーマクリシュナ「なぜ?」

ラトゥ「わかりません。ほかの日なら、すわって瞑想したりジャパムをとなえたりしていると何かが見えて心が集中するのです。でも今日は何もあらわれません。懸命に集中しようとしたのですが、できませんでした」そして彼はつけ加えた、「聖堂に行く道すがらふと思ったのですが、もし母なる神があらわれて何か願いごとをせよとおっしゃたら、何をおねがいすればいいのでしょうか?」

シュリ・ラーマクリシュナ「そこに問題があるのだ。欲にみちた心でジャパムができようか。二度とそんなことを起こさせてはならない。瞑想にすわっているときには、何もねがってはならない」

もう一人の弟子のヨギン、のちのスワミ・ヨガーナンダがその場にいて、言った、「『母』は瞑想のときだけ私たちの前にあらわれます。そのとき何かをおねがいできなければ、いつできるのですか?」

シュリ・ラーマクリシュナ「だめだよ。何もたのんではいけない。もし『母』がおまえにどうしても何かをあたえたいとおっしゃったら、彼女への帰依だけをおねがいしなさい。富や力、感覚のよろこびなど決してねがってはならない。母の蓮華の御足への帰依をねがいなさい」

（注一）このできごとがいつのことなのか、シュリ・ラーマクリシュナのこのカマルプクル訪問が前述の訪問と同じなのか、確証はないが、同じである可能性が高いので読みやすさを考えてこの逸話をここに置いた。

（注二）弟子はグルにつかえるものである。その逆は異例であるばかりでなく、弟子にとっては不吉であるとすら考えられている。

（注三）聖典では、贈りものを受け取らないことが美徳とされている。それによってヨギは贈りぬしの影響をまぬがれ、同時にあらゆる意味で返礼の義務をまぬがれる。

（注四）クンダリニは、脊椎の最下端かららせん状に上昇する形で描かれる潜在的な霊的エネルギーであり、霊的修行をつうじて覚醒する。タントラ哲学においては、クンダリニはしばしば女性原理と結びつけられる。したがって、呼びかけは「母」なのである。

第三章　シュリ・ラーマクリシュナの思い出
ラトゥ・マハラージが語る

ある日、シュリ・ラーマクリシュナはラトゥにたずねた、「このからだの中に誰がいるかわかるかい?」

「わかりません」とラトゥは答えた。

「ここには神だけがおいでになるのだ」とシュリ・ラーマクリシュナは言った。「これ(彼自身を意味する)を忘れてはならない」

「こんなに私を愛して下さるお方をどうして忘れることができましょう?」とラトゥは答えた。

ラトゥは忘れなかった。終生、彼の心はシュリ・ラーマクリシュナへの思いで満たされ、彼はときおりその思いのたけを人にあかした。ラトゥは、ダクシネシュワルでシュリ・ラーマクリシュナにまみえて以来、師が亡くなるまでほとんどいつも師のおそばに仕えた。それゆえ、シュリ・ラーマクリシュナに関するラトゥの回想は、きめ細かで洞察にあふれており、格別の価値を持っている。

一八八三年三月一一日、シュリ・ラーマクリシュナの誕生日のことだった。師は、沐浴するのでガンガーから水をくんできてくれと私におっしゃった。彼は水差し一杯の水で沐浴なさった。その後、彼はカーリー聖堂に行かれた。私たちは台所で仕事しなければならなかった。このときは、一〇〇~一五〇人の人々がダクシネシュワルで食事をし、残ったものはすべて貧しい人々に分け与えられた。マノモハン・バーブ(バーブとは「ミスター」に相当する敬称)がコンナガルからキルタンの一行を連れてきており、師は彼らと一緒におうたいになった。師は、あとでおまえたちもパンチャヴァティにきてくれ、とおっしゃった。師は、この日、ご自分は一人のサンニヤーシン（僧）であるばかりでなく、サンニヤーシンの中の王である、と私たちにお告げになった。

あるとき、ダクシネシュワルに滞在中のラカールが病気にかかった。師は彼におっしゃった、「この、主ジャガンナートのプラサードをおあがり。元気になるよ」ジャガンナートのプラサードの効きめはそれほどのものなのだ！あなた方は信じない！師はおっしゃったものだ、「自分の食事を食べる前に、ジャガンナートのプラサードを一つぶか二つぶ食べなさい」

ダシャハラーの日（ガンガーをたたえる特別の祝祭）、師は私たちに母なるガンガーに礼拝をささげてくれとおっしゃった。師はラカールにおっしゃった、「母なるガンガーは生きた女神だ。今日は彼女を礼拝しなければならない」このときはラカールはガンガーを女神とみなしていなかった。師はこれを知っておられたので、彼にこうお話しになった、「ある日、私はガンガーの堤防の近くを歩きながら、疑いを持った――母なるガンガーは本当に女神なのだろうか、とね。その瞬間、川の中ほどからほら貝のはっきりとした音が聞こえた。音は次第に近づいてきた、そしてひとりの少年がほら貝を吹き鳴らしながら川をわたってくるのが見えた。そして女神が彼のうしろについていらしたのだ。このヴィジョンは私の疑いを全部吹きはらってくれた（注一）」

これを聞いてラカールはびっくりして言った、「私たちはそんなことを知りません。ガンガーは、船頭たちによってけがされている、水の流れだとしか知りません」師はきびしくお答えになった、「気をつけなさい！おまえが母なるガンガーをけがしてはならない！」その日以来、ラカールはガンガーを深くうやまうようになった。

これもまた、私が師とともにパーニハティのお祭りに初めて参加した年（一八八三年）のことである。ラカールとバヴァナートそのほかはラーム・バーブの馬車に乗って行った。ほかに多数の師の信者も参加した。ナヴァディープ・ゴスワーミーがいたのだが、師は突然彼と一緒にうたいはじめられた。私たちはみな、師がバーヴァ・サマーディにお入りになるのを見ておどろいた。彼の呼吸は止まり、顔や目、はては手のひらまでが赤みを帯びてきた。法悦境におられる師を見ると、おおぜいが彼の足もとの土を取ろうとして殺到した。私たちは窮地に追いこまれた。誰もが師に触れたがり、私たちが止めても無視する。大騒ぎだった。

ラーム・バーブが私に言った、「レト、皆を止めようとするな。皆が彼に触れて祝福をいただくままにしておきなさい」でも私は彼に従わなかった。なぜなら、師は、サマーディにおられるときは、誰かに触れられただけでひどい痛みを感じられることを知っていたので。

とうとう、私たち三人――ラカールと、バヴァナートと私――がつきそって、境内から居間に師を連れていった。それにしても、信者たちにさからうことがどんなにむずかしかったことか！　居間に向かおうとしても、人々は師の御足に触れつづけていた。そのときラーム・バーブがどうしたかわかりますか？　彼は地面から土をひとつかみ取って、師の足にあて、それからその土を人々に配りはじめたのだ。こうして師は群衆から解放された。

翌年（実際はこの訪問は一八八五年であった）、私も師とともにパーニハティに行った。今度は私たちは舟で行った。誰かが、ホーリーマザー（シュリ・サラダ・デヴィ、シュリ・ラーマクリシュナの聖なる妻であり霊的な伴侶）に同行して下さいとお願いしたのだが、彼女はお断わりになった。師はこのことで彼女をおほめになった、「彼女の賢明さをごらん。誰も私たちを非難することがないようにと、彼女は私たちに同行するのをこばんだのだ」この年、師は皆と一緒にプラサードを召しあがり、両手を上げて法悦境のうちに踊られた。

この祭りのとき、師に五ルピーのお布施がささげられた――他の修行者たちは一～二ルピーしかもらわなかった。（修行者に贈りものをするのはインドの習慣である）師はお金を受け取ろうとはなさらなかった。しかし祭りの主催者はきかずに、こっそりとラカールにお金を与えた。そのお金でラカールは師のためにマンゴーをひとかごとお菓子をひと包み買った。師は、これを知ってラカールをお怒りになり、いましめられた、「二度とこのようなことをするな。おまえが受け取ると私が受け取ったことになる。僧は鳥のようでなければならない、そして将来のために物をたくわえてはならないのだ」

ドゥルガー・プージャ（女神ドゥルガーの秋の祭礼）の二カ月ほど前、私たちは師のお供をして（カルカッタの）パトゥリアガートのジャドゥ・マリックの家に行った。私は以前ジャドゥ・マリックを彼のガーデンハウス（ダクシネシュワル寺院のとなり）で見たことがあったが、彼の家に行ったことはなかった。師は、女神シンハヴァーヒニの新しい聖画を見に行かれたのである。シンハヴァーヒニはジャドゥ・マリックの家の主宰神だった。神殿に詣でられたのち、師はジャドゥ・バーブに面会をお求めになった。

ジャドゥ・バーブは大理石の長椅子に横たわっていた。彼は師に挨拶をした、「これはこれは、若い神主さん。こちらのほうにはもうあまりおいでになりませんな。だが今は母なる神がいらっしゃるのであなたもわれわれを思いだしたのですね」

師は答えて言われた、「あなたもお人が悪い。母なる神がおいでなのに知らせて下さらないとは」

「若い神主さん、私はあなたほど母なる神をよく知っている人に会ったことがありません」とジャドゥ・バーブは答えた。「母なる神はつい昨日お着きになったのです、そしてあなたはもうここにいらっしゃった。あなたに知らせをあげる暇がどこにありますか？」

「よろしい」と、師はほほえんでおっしゃった、「では、母なる神のプラサード（おさがり）を少し持ってくるよう言いつけて下さい。私たちが何もいただかないで帰ると、よくないでしょう」（家をたずねてきた修行者に何もささげないと家長にとってよくないことがおこる、と考えられている。）

あいかわらず長椅子に横たわったまま、ジャドゥ・バーブがプラサードを少し持ってこいと誰かに命じると、すぐにそれがきた。師が帰ろうとなさると、ジャドゥ・バーブは言った、「私の母に声をかけて下さいな」

それで、師は叫ばれた、「ジャドゥのお母さん！ 私に水を一杯下さいな」ジャドゥの母親はコップを持って階下におりてきた。師はコップを受け取ると、一口だけお飲みになった。

師が車にもどられると、信者たちが言った、「師よ、あんな金持ちの家に二度といらっしゃらないで下さい。どうしてあなたが彼を訪問なさらなければならないのですか？ 彼はあなたに腰かけて下さいとも言いませんでした。どうしてあなたがあんな侮辱をお受けにならなければならないのですか？」

師は答えられた、「彼らは世俗の人なのだ、だからいつも世俗の物を欲している。しかしその世俗の考えの合い間に、彼らは母なる神を礼拝している。お前たちはそこまでもしてはいないだろう。なぜ、彼が私におすわり下さいと言ったか言わないかで頭をいためなければならないのだ？ お前たちは母なる神を礼拝しにきた、おまけにプラサードをいただいた。それでは足りないのか？ このようにときならぬ時刻に、ほかの誰が、おまえたちにプラサードをくれるだろう？ おまえたちは、ジャドゥを訪問して、彼がおまえにおすわり下さいと言わなかったからと気を悪くしに来ただけなのか？」

ジャドゥ・バーブをそしった信者たちは黙ってしまった。このようにして師は私たちを試されたものだ、「もしおまえがサドゥ（修行者）になりたいのなら、」と師は言っておられた、「うぬぼれた考えを捨てよ。自分が尊敬されているかいないかということに気を取られるな」

ある日、師はジャドゥ・バーブにおっしゃった、「あなたは現世のためにずいぶんたくわえを積んできた。来世のためには何を手に入れましたか？」

ジャドゥ・バーブは答えました、「若い神主さん、あなたが私の来世の面倒をみて下さる人だ。あなたは私の臨終のときに私を救って下さるでしょう、私はその時まで待っているのです。もしあなたが私に解脱をさずけて下さらないなら、あなたの『堕ちた者たちの救済者』という名に傷がつくでしょう。だからあなたは、私の臨終の時に私を忘れることはできないのです」

ご承知のとおり、ジャドゥ・マリックはお金をたくさん持っていたが、さらにほしがらずにはいられなかった。別のとき、師は彼におっしゃった、「ジャドゥ、あなたはそんなにたくさんのお金をためたのに、まだほしがっているね」

ジャドゥ・バーブは答えた、「この欲は去らないのです。あなたは神への願望をすてることができない、同じようにわれわれ世俗の人間は金への願望を断つことができないのです。どうして金を放棄しなければならないのでしょう？ あなたは世俗のものごとをすべて放棄して神にあこがれる、一方、私は神の富を、もっと、もっと、とねだる乞食なのです。世俗の富も神のものなのではありませんか？」

師はこの道理を聞いていたくおよろこびになった、「あなたがその姿勢を持ちつづけるなら、心配することはない。しかし、ジャドゥ、あなたは心からそう言っているのですか？」

するとジャドゥ・バーブは答えた、「若い神主さん、私があなたには何も隠すことができないのをご存じでしょう」

別の機会に、師はジャドゥ・バーブにおっしゃった、「あなたは前には神の御名をとなえていたのに、今は神を思っていないね。なぜですか？」

ジャドゥ・バーブは言った、「あなたを知ってからは、私は神を呼びもとめる必要を感じないのです。それに私は、主の御名をとなえると、心が世俗のことがらに集中しないことがわかったのです。ですから、自分の財産を管理するために、主にかまわないでいるのです」

「そこまで行ってはいけない、ジャドゥ」と師は言われた。「どうしてあなたが粉ひき機につながれた牛のようでなければならないのですか？」

「それは私の前世のおこないの結果なのです」とジャドゥ・バーブは言った。

師は私に多くのことを教えて下さった。ときどき師は意図的に私をロレンのもとにつかわされた、私が彼から多くのことを聞くためにだ。師は、しばしばギリシュ・バーブ（ギリシュ・ゴーシュ）とロレンとに討論をおさせになったが、ロレンは力にみちており、誰に挑戦することも恐れなかった。彼は多くを論じ、私は師にそれを逐一報告していた。ときおり師は私を試された。あるとき彼はおたずねになった、「ナレンがしゃべるばかりで、おまえは黙ったままだったのか？」

「私が何を知りましょう？」というのが私の答えだった。「どうして私がロレンと競争できますか？」

師は言われた、「おまえはここ（彼自身を意味する）でこれほど多くのことを聞いているのに何も言わなかったのかい？　おまえは、もし神がこの世を創造しなければ誰が創造したのか？と彼に言ってやるべきだったのだ」

「ロレンは、この創造は自然のなりゆきだと言います」と私は答えた。

「自然が創造することは可能か？」と師は言われました。「もし結果があれば、それにさきだつ原因がなければならない。この創造の背後には強力な存在があるのだ」

師が私をこの世のわなから連れ出して下さったのをご存じでしたか？　私は孤児だった。師はあふれる愛となさけを与えて下さった。もし彼が私を受け入れて下さらなければ、私は奴隷のように働いて一生を過ごし、獣のようだっただろう。私の人生には何の価値もなかっただろう。私は無学の人間だ。彼はよく、私におっしゃった、「おまえの心をいつも汚れなくたもちなさい。不浄の考えを入りこませてはならない。おまえを苦しめるそのような欲念を見つけたら、神に祈って神の御名をとなえなさい。神はおまえを守って下さる。それでも心が静まらなければ、母なる神の聖堂に行って彼女の前にすわりなさい。でなければここ（彼自身を指す）に来なさい」

あるとき、ダクシネシュワルで、ある信者の行儀が悪く、私は腹立ちをおさえることができなかった。私が彼をしかると、彼はたいそう気に病んだ。師はその信者がどれほど苦しんだかをお知りになり、信者が去ると私におっしゃった、「ここに来た者たちにきびしい態度で話すのはよくない。彼らは世俗の問題に悩まされているのだ。もし彼らがここに来て、その欠点をしかられたら、彼らはどこへ行くだろう？ 聖なるまじわりの場所では、誰に対してもきびしい言葉を用いてはならないし、決して他人に苦痛をもたらすようなことを言ってはならない」

師が次に私に何とおっしゃったかわかりますか？「あした、彼をたずねて、きょうおまえが彼に言ったことを忘れられるようなふうに彼に話しかけなさい」そこで翌日私は彼をたずねた。私の高慢はくじかれた。私は彼にとてもやさしく話しかけた。しかし、私がもどると師はおたずねになった、「私からよろしくと伝えたかい？」

師の言葉におどろいて、私は伝えなかったと言った。すると彼はおっしゃった、「もう一度彼のところに行って、私からよろしくと伝えなさい」

そこでもう一度私はその信者のところに行き、師のご挨拶を伝えた。これを聞いて、信者はわっと泣きだした。彼が泣いているのを見て私は感動した。今度は私がもどると師は言われた、「これでおまえのあやまちはゆるされた」

ある日、ギリシュ・ゴーシュが、組んだ両手を額に上げて師にご挨拶をした。すぐに師は腰をかがめて挨拶をお返しになった。ギリシュはふたたび師にご挨拶した。師は、さらに深くかがんでギリシュ・バーブに挨拶なさった。しまいに、ギリシュ・バーブが師の前の地面にひれ伏すと、師は彼を祝福なさった。のちにギリシュ・バーブはよく言っていた、「今回は、主は平伏によってこの世を征服しにいらっしゃったのだ。クリシュナとして化身されたときは、笛だった。チャイタニヤとしては、『名』だった。だが、神の強力な化身の武器は、このたびはご挨拶だったのだ」師はいつもおっしゃった、「謙虚になることを学べ。そうすればエゴはのぞかれる」

ある日、ハズラーが突然師に言った、「ガダーダル（両親にさずけられたシュリ・ラーマクリシュナの名）、あなたは正しい道を歩んでいない。もしあなたがこのようなことを続ければ、人々はながくはあなたを尊敬しないだろう。少なくとも彼らにちょっとしたことを見せてやりなさい。私がやっているように数珠をくったらどうかね？」

これを聞いて師はお笑いになった。師は、ハリシュ、ゴパールとラカールを呼んで彼らにおっしゃった、「ハズラーが何と忠告してくれたかわかるか？ 彼は私に数珠くりを始めよというのだ。しかし見てのとおり私は今そんなことはできない。なのに、彼は、私が数珠をくらないと人々は私を尊敬しなくなると言うのだ。これはほんとうか？」

「彼の言うことを気になさいますな」とハリシュが言った。「彼はただのおろか者です」

「そう言ってはいけない」と師はおっしゃった。「母なる神が彼をとおして話しておいでになるのだ」

ハリシュはおどろいた。「何ですって？ 母なる神がハズラーをとおして話しておいでですって？」

「そうだ」と師はお答えになった。「母はこのようにして彼女の教えをお伝えになるのだ」

しかし、ハズラーの心は少しひねくれていた。ジャパムを実践している間に、彼は世俗のものごとについて瞑想していたので、全然進歩がなかった。しかし、彼はロレンにすがることで世俗のわなをのがれていた。師がハズラーを祝福なさったのは、ロレンがどうしてもと言い張ったからである。師がおかくれになったのち、ハズラーは自分のことをアヴァタール（神の化身）と考えるようになった――師よりも偉大だと言うのだ。

ある日、ハズラーは師の御足をマッサージしたいと思ったが、師はおゆるしにならなかった。ハズラーは気を悪くした。彼は部屋を出て外にすわりこみ、ひどくむっつりしていた。とうとう師は彼を呼びもどされ、その日だけ、彼は師にお仕えした。

別のとき、ハズラーは寺院の来訪者たちに講話をしたがった。彼らが師に会いに現われると、ハズラーは信者たちに告げた、「きょうはシュリ・ラーマクリシュナはここにおいでにならない。師のお部屋にただすわって何が得られるでしょう？　私が言うことを聞きにおいでなさい」でも誰も彼のところには行かなかった。

ロレンはハズラーの心の友でした。彼はロレンのためにタバコを作ってやり、ロレンと長いあいだ議論していたものだ。ロレンはよく、彼をからかっていた、「ほう、あなたはすばらしいシッダプルシャ（完全無欠の魂）だ。私はとうとう、たえまなく数珠をくるめずらしい魂を見つけだした。あなたの数珠はみごとだ――玉が実に大きく、輝いて。あなたのような人はどこにもいない」

すると、ハズラーはすっかり思いあがって私たちに言った、「君たちには僕のことはわからない――シュリ・ラーマクリシュナでさえもね。ナレンだけが僕を知っている」彼の慢心をごらんなさい。人はこのようにして堕落するのだ。彼はとなえていたものだ、「ソーハム、ソーハム（私はブラフマンだ）」師は私たちにおっしゃった、「ハズラーとつきあうな。おまえたちの道は帰依の道だ。ひからびた知識で何ができよう？」

私が初めてバララーム・バーブに会ったとき、私には彼がベンガル人だとはわからなかった。彼はターバンをつけ（パンジャブのシーク教徒の習慣と同じ）、ステッキをたずさえ、長いガウンを着てその上からさらに布をはおっていた。それに長いあごひげをはやしていた。ときおり私たちは彼の家に行った。師はよくおっしゃった、「バララームの家は私のカルカッタのとりでだ、私の居間だ」

バララーム・バーブは自分の家で主ジャガンナートの日々の礼拝をおこなっていた。師は、あそこの食物は非常にきよらかだとおっしゃった。私は、師が彼の家を一〇〇回も訪問しておられ、バララーム・バーブが訪問回数の記録を保持していることを聞いていた。バララーム・バーブもダクシネシュワルをしきりにおとずれていた。師はあるときヴィジョンの中で、シュリ・チャイタニヤにみちびかれたキルタンの一組の一員として彼をごらんになった。

バララーム・バーブは、彼の家の奥部屋（婦人用の居室）に師をお連れしようとした。しかし、彼の兄のハリバラブ・バーブがゆるさなかった。ギリシュ・バーブとハリバラブ・バーブとは親友だったので、ギリシュ・バーブはこのことを耳にした。ある日、師がバララーム・バーブの家にいらっしゃったとき、ギリシュ・バーブはハリバラブ・バーブを呼んで師にひきあわせた。ふたりとも（師とハリバラブ・バーブ）泣きだした。私にはなぜなのかわからなかった。あとで、私はカタックのハリバラブ・バーブのところにわけを聞きに行ったが、彼は教えてくれなかった。

バララーム・バーブは家計をきりつめて、それを僧にささげるために使っていた。親戚は、彼のことをけちだと思っていた。私は彼がどれほど裕福だか全然知らなかった！ある日、彼がせまい寝台に横になっているのを見て、私は言った、「どうして大きな寝台にしないのですか？あなたにはこの寝台はせますぎます」彼が何と言ったかわかりますか？「現世のこの肉体はいつの日か土に還ります。修行者たちのために使うほうがずっとよいでしょうに、どうして私の寝台のためにお金を使うべきでしょうか？」ある日、バララーム・バーブは師のために馬車をやとってくれた。カルカッタからダクシネシュワルまでの運賃はたった一二アナだった。それほど安い馬車だったので、師はさんざんな目にあわれた。道の途中で車輪が一個はずれた。馬もいうことをきかなかった。むちをあてられると走るのだが、そうしないと動こうとしなかった。師は真夜中になるまでダクシネシュワルにおつきになれなかった。のちに師はこのできごとについてよく冗談を言っておいでだった。

カーリー・プージャの日、「母」の聖堂とチャンドニ（河に面した寺院境内の入口の、屋根のある柱廊玄関）はあかりでかざられていた。聖堂での礼拝を始める前に、ラームラール・ダーダーは師の祝福をいただきに来ていた。師は日中は自分の部屋にいて、夜にだけ「母」をたずねておられた。音楽塔で一晩じゅう音楽が演奏されていた。

ある年のカーリー・プージャは土曜日（母なる神を礼拝するのにめでたい日）にあたっていた。師は私たちにおっしゃった、「今晩はジャパムを実践しなさい。このように非常にめでたい夜にジャパムを実践すれば、だれでもすぐに完成する」その夜、師は私たちに眠ることをおゆるしにならなかった。彼は夜遅くまでおうたいになった。

ジャガッダートリ・プージャにはよく、私たちは師のお供をしてマノモハン・バーブの家に行った。あるとき、そこである音楽家が太鼓をそれはすばらしく演奏したので、師はサマーディに入られた。

師は、ダクシネシュワルの村の信者の家にヤートラー（野外芝居）を見に行かれた。バブラームと、ラームラール・ダーダーと、私がお供した。主役の俳優は好人物で、師にていねいに挨拶した。翌日、その俳優はカーリー寺院に来て、師のためにいくつもの美しい歌をうたった。そのあと師は彼におっしゃった、「このような歌を作ることによって、あなたの人生の目的は達せられるだろう」師はラームラール・ダーダーに、歌を書き写してくれとおたのみになった。

またあるとき、あるヤートラーの一座がダクシネシュワル寺院に来た。私は一晩じゅう芝居を見た。師もおいでであった。それは、ある女性を非常に愛していたため、彼女に会えるように地下にトンネルを掘った男の話だった。愛の力をごらんなさい！　師はよく、三つの愛情が一つになったとき、神を悟れる、とおっしゃったものである（すなわち、夫に対する貞淑な妻の愛情と、子供に対する母の愛情と、富に対するけちな金持ちの愛情と、の結合した力をもって神を愛すれば、必ず神を悟ることができる）。

あるとき、師が病気になられたとき、医者のマヘンドラナート・パウルが師を診察しに来た。彼は、帰る前に、師のためにとラームラール・ダーダーに五ルピーをわたした。師はこれをご存じではなかった。その夜、師は寝台で何度も寝返りをうっておいでだった。私は長い間師を扇であおいでいましたが、それでも師はお眠りになれなかった。ついに師は私におっしゃった、「ラームラールを呼んできておくれ。あいつが何かをしでかしたにちがいない――そうでなければどうして私が眠れないことがあろうか?」それは午前一時か二時のことだった。ラームラール・ダーダーが来るやいなや、師は言われた、「こいつめ、私の名でおまえに金をくれた人にその金を返してきなさい」そこでラームラール・ダーダーはいきさつをすべて師に話した。その夜のうちに、私も彼と一緒にマヘンドラナート・パウルの家に行き、眠っていたドクターを起こして、彼はお金を返した。

ある日、ラーム・バーブがジリピ（インドのお菓子）をひとかご、師のために持参したのだが、ダクシネシュワルに来る途中でそのかごからある少年に、中の一つを与えた。師はそのジリピを召しあがることができず、彼におっしゃった、「おまえが私のために持ってきたものは、少しであっても人に分け与えてはならない、そうしてしまうと、母なる神にそれをさしあげることができなくなるからね。わかっていようが、私はまず最初に『母』にささげないかぎり何も食べられないのだよ」

師が腕におけがをなさってからしばらくのち、タークル（のちのスワミ・シヴァーナンダ）がダクシネシュワルにやってきた。彼は師のためにヴリンダーバンから、プラサードと、聖なる土と、聖なる砂と、そして数珠をたずさえてきた。彼は師の腕の包帯を見てたずねた、「腕をどうなさったのですか?」

師はお答えになった、「少しばかり月をながめようとしていたとき、低い柵につまずいて腕にけがをした。まだ痛い」

「脱臼なさったのですか、それとも骨折?」とタークはたずねた。

「知らないよ」と師はおっしゃった。「ここの者たちがただ包帯をあててくれたのだ。私はやすらかな心で『母』の御名をとなえたいのだ――しかしまあこのけがをごらん。彼らは私に包帯をはずさせてもくれない。こんなにつらい状態で『母』をお呼びすることができるかね?」ときどき私は考える、この包帯は何とばかげていることか。こんな束縛をすべて断ち切って神に没入させてくれ、と。そしてまた考えるのだ、いや、これはまさに神のお遊びのもう一つの面だ、と。これにもいくらかのよろこびはある」

ターラクは師に言った、「ただお望みになっただけで、あなたは治ることがおできになるのです」

「何だって!」と師は叫ばれた、「望んだだけで私は自分を治すことができるのか?」そして、少し間をおいてつけ加えられた、「いや。この痛みからくる苦しみも良いものだ、欲望をもってここに来る者たちは、私のこの状態を見て行ってしまうだろう。彼らにわずらわされずにすむ」そして師はおっしゃった、「母よ、あなたは賢明ないたずらをなさいました」そう言うと師はうたいはじめられた。間もなく師はサマーディに入られた。

ブラザー・ニランジャン(のちのスワミ・ニランジャナーナンダ)が初めて師のもとに来たとき、師は彼におっしゃった、「いいかね、おまえ。ある人に対して九九回良い行ないをして一回悪い仕打ちをすると、その人はその悪い一回をおぼえていてあとのことは忘れる。だが神に対して九九回悪い仕打ちをして一回良い行ないをすると、主はその良い一回をおぼえていて残りはすべて忘れてくださる。これが人間の愛と神の愛とのちがいだ。これをおぼえておおき」

ある日、師は法悦境のうちにニランジャンにお触れになった。するとニランジャンは三日三晩、目を閉じることができなかった。彼は絶え間なく光のヴィジョンを見、主の御名をとなえつづけた。師のもとに来る前、彼は降霊術に興味を持っており、霊媒をしていた。師は彼をおからかいになった、「今回おまえに乗りうつったのは普通の霊ではないぞ、おまえ。ほんものの神の霊がおまえの肩に飛び乗ったのだ。どんなにこころみてもおまえは彼を振り払うことはできないだろう」

ある日、一人の男性が師の部屋に入ってきて世俗のことがらについて話し始めた。師はおっしゃった、「ここはそのようなことを話す場ではない。寺院の管理人の事務所に行ってくれ」男性は部屋を出て行った。すると、師は私におっしゃった、「部屋にガンガーの水をまきなさい。あの男は肉欲と金の奴隷だ。彼のすわっていた場所の下、七キュービット（三〜四メートル）はけがれている。水を十分にまきなさい」

ある日、私たちは師と共に、ある学者の話を聞きにバドラカーリ（ダクシネシュワルの対岸）に行った。しかし、その人があまりにばかげたことを言ったので、聴衆は混乱してしまった。師は彼におっしゃった、「多くのタパシヤー（苦行）を行なったあと、人は神への信仰を得る。それなのに学者のあなたは神へのうたがいを作り出している。いったいどんな学問をおさめたのだ?」

学者はおどおどして答えた、「おお、ちがいます、ちがいます。私は本気ではなかったのです」師は、その男が大学者のふりをしていただけだとお知りになった。彼はその男のからだに手を触れておっしゃった、「あなたの心は、風雨にさらされた木片のようにひからびている。それほど多くの聖典を読んだのに、あなたはうそを話すことしか学ばなかったのか?」学者は恥じ入ってとうとう立ち去った。師はいつも、ひからびた知識人にはこのようにふるまわれた。

ある日、ギリシュ・バーブがひどく酔ってダクシネシュワルに来た。師は私におっしゃった、「彼が馬車に何か残してはいないか、見てきなさい。何か見つけたらここに持っておいで」

私は言いつけのとおりにして、酒のびんとコップを見つけた。私はそれを両方とも師のところに持って行った。信者たちは酒びんを見て笑いだしたが、師は私におっしゃった、「そのびんをとっておいてやりなさい。彼は最後の一杯をほしがるだろう」まあ見てごらんなさい、ご自分の信者に対して師がどんなに寛大であられたことか!

ギリシュ・バーブがある夜、カリパダ・ゴーシュを連れてきた。カリパダは大酒飲みだった。彼は金を家に入れず、かわりにお酒に使っていた。しかし彼の妻は非常にきよらかな人だった。私は、彼女が何年も前に、夫の性癖を変える何かの薬を求めて師のもとに来た、と聞いた。師は彼女をホーリーマザーのところにおやりになった。ホーリーマザーは彼女を師のもとに返してよこされた。師はふたたび彼女をホーリーマザーのところにおやりになった。この往復が三回つづいた。ついに、ホーリーマザーは主にささげられたベルの葉に師の御名を書いてカリパダの妻に与え、主の御名をとなえよと告げられた。

カリパダの妻は一二年間、主の御名をとなえた。師が初めてカリパダにお会いになったとき、師は、「この男は妻を一二年間苦しめたあとでここにやって来た」とおっしゃった。カリパダははっとしましたが、何も言わなかった。

そして師は、彼におたずねになった、「何がほしいのか?」

カリパダはずうずうしく頼んだ、「お酒を少しいただけますか?」

師はほほえまれた。「よろしい。だが私の酒はひどく強いからおまえには耐えられないだろう」

カリパダはそれを文字どおりに解釈して、言った、「それはほんもののイギリスの酒ですか? のどをうるおすために少しください」

「いや、イギリスの酒ではない」と師はなおほほえみながら、おっしゃった。「これは純然たる自家製だ。この酒はただ、だれにでもやれる酒ではない。だれもがそれに耐えられるというわけではないのだから。一度でもこの酒を味わったら、そのあとはもう、イギリスの酒は気が抜けたように思えるだろう。おまえはそれでなく、私の酒の方を飲む用意があるのか?」

カリパダは少し思案していた。そして、私は彼がこう言うのを聞いた、「一生酔わせてくれる酒をください」師は彼にお触れになり、カリパダは泣きだした。私たちは彼を落ち着かせようとしたが、それにもかかわらず、彼は泣きつづけた。

あるとき、師はカリパダを連れて舟でどこかに行かれた。舟の上で、師はカリパダの舌にマントラをお書きになった。後に、カリパダは立派な信者になり、師に仕えて多くのことをなした。どうだろう！　妻がきよらかで愛にあふれていれば、彼女は夫のしあわせのために苦行を行ないさえするのだ。カリパダが救われたのは妻のおかげだった。

私は師のお供をして劇場に行ったものだ。劇場でギリシュ・バーブは師を丁重にお迎えした。彼は師のために階上のさじき席を手配し、師を扇であおぐ人も取り決めていたものだ。彼自身もしばしば階上に師に会いに来た。あるとき、ギリシュ・バーブはすっかり酔って師に近づき、愛情をこめて師に呼びかけた、「あなたは私の息子におなりにならなければなりません。今生では私はあなたにお仕えすることはできなかった、しかしもしあなたが私の息子に生まれ変わって下されば、私はお仕えすることができます。私の息子になると約束してください」

「何を言うのだ？」と師はたずねた。「どうして私がおまえの息子に生まれなければならないのだ？」するとギリシュ・バーブはむかっ腹を立ててあしざまに師をののしった。彼が師をそのように罵倒するのを聞いて、私は怒りをおさえることができなかった。私は手に杖を持っていて、今にもギリシュ・バーブを打とうとしたが、デヴェン・バーブが言いました、「師がこのことすべてに耐えていらっしゃるのに、どうして君が杖をふり上げなければならないのだ？」デヴェン・バーブがそう言ってくれなければ、私はギリシュ・バーブに一発お見舞いしていたことは確かだ。それほど私は怒っていたのだ。

ダクシネシュワルへの帰り道、デヴェン・バーブは、私がしでかす寸前だった所業のことを師に申し上げた。師は叫ばれた、「おまえがギリシュを打っていたらたいへんなことだったではないか？　それに気づかなかったのか？　あれは私をののしったあと、私がこの車に乗りこむとき地面にひれ伏して私の足のちりをとったのだ。

彼の信仰心がわからなかったのか?」道中、師はくり返し祈っておられた、「おお、母よ、ギリシュは俳優です。彼にどうしてあなたの栄光が理解できましょうか? 母よ、彼をおゆるしください」

信者たちが劇場でのできごとを知ると、多くの者たちが師にギリシュのような者を訪問なさるべきではない、と言った。ラーム・バーブもこのことを聞きつけて、翌日ダクシネシュワルにやって来た。ラーム・バーブが部屋に入るが早いか、師は彼におたずねになった、「ラーム、おまえはギリシュについて何を言おうとしているのか?」

「師よ、」ラーム・バーブは言った、「ヘビのカリヤーはクリシュナに言いました、『主よ、あなたは私に毒しかくださいませんでした、あなたにささげる甘露を、私はどこで手に入れることができるのでしょうか?』(注二)これはギリシュの場合と同じです。どこで彼は甘露を手に入れるというのでしょうか? まあ、師よ、彼に対してお気を悪くなさるべきではございますまい」

師は答えられた、「それなら私たちをおまえの馬車でギリシュのところに連れて行っておくれ」そして、師は、ラーム・バーブと私とほかに二人をともなって、カルカッタのギリシュ・バーブの家に出発なさった。

一方、ギリシュ・バーブはひどく悔やんでいた。彼は食事をこばみ、はげしく泣いていた。私たちは夕方前に彼の家に到着した。師がおいでになったことを聞くと、ギリシュ・バーブは目に涙を浮かべて師に近づき、師の足もとにひれ伏した。師が「よい、よい」とおっしゃると、ようやく彼は身を起こした。

その後、長い会話があった。私はギリシュ・バーブがこう言ったのをおぼえている、「師よ、もしあなたが今日おいで下さらなかったなら、私は、あなたはまだ、賞賛と非難とが同等である、という、知識の究極の境地には達しておられない、したがって、あなたをパラマハンサ(最高次の明知の人)とお呼びすることはできない、と結論づけたことでしょう。あなたを、われわれと同じような普通の人間でいらっしゃると考えたことでしょう。しかし、今日、私にはあなたがあの究極のお方でいらっしゃる、ということがわかりました。もうあなたはそのことを私に隠すことはおできになりますまい。私は決して、あなたから離れません。私のしあわせは今やあなたのお手の中にあります。どうぞ、私はおまえの責任を持つ、おまえを救ってやる、とおっしゃってください」

ケシャブ・バーブ（ブラフモの指導者）の容体が悪くなったとき、師は彼に会いに行かれた。師がお着きになったと聞くと、ケシャブ・バーブは階上からおりてきた。ケシャブ・バーブの病がどれほど重いかをごらんになって、師は言われました、「今回は私には、『母』の思召がわからない」それから三〜四カ月のうちにケシャブ・バーブは亡くなった。

ケシャブ・バーブの病の初期、師は女神シッデシュワリに、彼が回復したら青いココナッツと砂糖をささげる、と約束なさった。ケシャブ・バーブは元気になり、師は母シッデシュワリに、約束のささげものをお送りになった。

ケシャブの信奉者が、彼らの年次のお祭りのときにシンティのガーデンハウスに来てくださるよう、師を招待した。有名な人たちがたくさん来た。私がシヴァナート・シャストリに初めて会ったのもそこでのことだった。彼は師のたいへんなお気に入りだった。師は彼のことをこうおっしゃった、「大麻吸いが別の大麻吸いに会うと、彼はうれしくなる。そんなふうに私はうれしいのだ」しかしシヴァナートは師を避けていた。ある日、彼はダクシネシュワルに来ると言っておきながらその約束を守らなかった。師は言われた、「彼は、来ると私に約束したのに来なかった。これは良くない。約束を破ってはならない。誠実であることは、カリユガ（現代）においてはタパシャー（苦行）である。真実を固守しない者は神を悟ることはできない」

あるとき、師はシヴァナートにおっしゃった、「私の頭がおかしいとおまえが言ったというのは本当か？昼も夜もおまえは世俗のことを思いながら、自分の頭がまともだと考えている。かたや私は昼も夜も神のことを思っているのに、おまえは私の頭が変だと考えるのだね！」

ある日、師はマニ・マリックに言われた、「どうしておまえはそう計算高いのかね？ 信者はかせぎをすべて使わなければならないのだ」マニ・マリックがダクシネシュワルをおとずれたとき、師は彼におたずねになった、「どのようにしてここに来たのだ？」 節約するために、マニ・マリックは自分の家からガラナタまで歩き、そこからバラナゴルまで乗り合い馬車に乗り、それからダクシネシュワルまで歩いてきていた。ひところ彼の顔は日焼けしていた。師は彼におたずねになった、「どうしてそんなたいへんな思いをしてここに来るのかね？ 馬車で来ることはできないのか？」

マニ・マリックは答えました、「もし私が一頭立ての馬車に乗れば、私の子供たちは二頭立てに乗ろうと思うでしょう。それにあなたも、有徳の家長は、子供のためとほどこしのためにお金を節約すべきだとおっしゃいました」

あるとき、マニ・マリックは巡礼の旅からもどってきて師に言った、「聖地には、金ばかりねだるサドゥたちがいました」

師はお答えになった、「おまえはサドゥが一パイサか二パイサをねだったといって怒っているのだね？ そんな心がまえで巡礼に行くべきではない。巡礼のあいだは、慈悲ぶかくなければならない。サドゥは金をかせがないのだから、何パイサかを彼らにやるべきだ。おまえたちは現世の良いものすべてを楽しみたがり、そしてサドゥには放棄させたがっている。彼らはかすみを食べて生きている、と思っている」

あるとき、ラカールの生まれた村が干ばつになったので、師はマニ・マリックに、そこに溜め池を掘らせるよう、おたのみになった。マニ・マリックもまた、まずしい子供たちの教育のためにお金を寄付した。

ある日、師は彼におっしゃった、「おまえも年をとった今は、世俗のことを忘れて神を瞑想しなさい。ハートの中に神を瞑想するのだ。すると愛が育つ」と。

息子が亡くなったとき、マニ・マリックは、悲しみをいやしていただこうと師のもとに来た。師はすべてをお聞きになった。そしてうたいはじめられた。歌が終わったとき、マニ・マリックの悲しみはとけ去っていた。

私たちはしばしば師のお供をしてショババザールのアダル・バーブの家に行った。師は、アダル・バーブの家のことをカルカッタのご自分の「居間」の一つとみなしておられた。ときどき、アダル・バーブは家でお祭りを催し、私たちに十分なご馳走をした。彼の母堂は深い信者だった。彼女はよく、季節はずれの高価なマンゴーを買って、それをバナナやお菓子と一緒に師のもとにとどけた。師はこれをたいへんにおよろこびになった。あるとき、アダル・バーブの家で師は彼におっしゃった、「すっぱいマンゴーは、決してよこさないようにしておくれ」と。それで、アダル・バーブは彼が見つけ得た最高のマンゴーを持ってきた。師はそれを満喫して、おっしゃった、「このマンゴーはおまえのお母さんが選んだものにちがいない」

ある日、私たちはアダル・バーブの家に招かれたのだが、アダル・バーブはラーム・バーブを招待するのを忘れたので、彼はたいそう気を悪くした。ラーム・バーブは師に不服を述べた、「こんなふうにないがしろにされるどんなまちがいを私がしたのでしょうか?」

師は彼をなぐさめようとして、おっしゃった、「これ、ラーム、ラカールがこの手配をたのまれて、彼がおまえを招くのをわすれただけなのだよ。ラカールに対して怒るべきだろうか? 彼はまだ子供なのだよ」その後、アダル・バーブがみずからラーム・バーブの家に行き、彼をそのつどいに招待した。

私がバンキム・チャンドラ・チャタージ（著名なベンガル人著述家）に初めて会ったのもアダル・バーブの家でのことだった。バンキムはきわめて頭のよい人だった。彼は師を試そうとしたが、結局負けて引き下がった。彼は去りぎわに師に、自分のところにおこしくださるようお願いした。しかし、彼が招待状をよこさなかったので、師はおいでにならなかった。

有名なキルタン歌手が大勢、アダル・バーブの家に来ていた。私は、一度、チャンディ（母なる神の栄光をたたえた聖典）をもとにした歌を聞いて非常に感銘を受けたのをおぼえている。

アダル・バーブは、自分用の食物をたずさえてまで、毎日ダクシネシュワルに来ていた。彼は着きさえすれば、眠ってしまうこともしばしばだった。このことで彼を非難する人もいた。師が彼らに何とおっしゃったかわかりますか？「おまえたちに何がわかるか？ここは母なる神の場所だ。平安のすみかなのだ。世俗のおしゃべりにふけるかわりに、彼は眠る。それでよいのだ。このような人々にはなお、ささやかな平安が来る」

ある日、アダル・バーブが師におたずねした、「あなたはどのような力をお持ちなのですか？」師は笑っておっしゃった、「『母』の思召によって、私は多くの人々からおそれうやまわれている州知事その人を、ねかしつける」（アダルは州知事だった）

師はカーリーガート（南カルカッタの有名なカーリー寺院）をときどきおとずれ、そこで信者たちと喜びをわかちあっておられた。そのような機会には、アダル・バーブが師のために馬車を提供していた。

師はアダル・バーブに、馬に乗るな、と警告しておられたが、彼は聞かず、馬から投げ出されて死んだ。彼の悲報を聞いて、師はおっしゃった、「ひとつまたひとつと私の居間が閉じられてゆく。私のつどいに終わりが来るのがわかる」

ときとして、目にした何かがとりわけ深い印象をきざむような心境になっていることがある。私は師がサマーディに入っておられるのを何度も目にしたが、特におぼえているものが一度ある。その日、彼はどのようにして神にあこがれるかを、私たちに示しておられた。彼はサマーディに没入され、一〇分か一五分、そうしておられた。彼の全身の肌色が変わった。お顔は無恐怖と慈悲にかがやいていた。その光景を描写することは私には不可能である。そして今なお私はそれを忘れることができないのだ。

(注一) シュリ・ラーマクリシュナのこのヴィジョンは、バギラートが自分の過去の祖先たちを救おうとして、どのようにして天から地にガンガーをもたらしたかを語る神話の物語を裏づけるものである。

(注二)「バガヴァータム」の物語に述べられているように、カリヤーは、ヤムナー川の聖なる水をけがし、ヴリンダーバンの牛と牛飼いの少年たちを苦しめていた毒ヘビであった。牛飼いの少年たちの友人であったクリシュナはカリヤーを殺しに来た。ヘビは彼を攻撃したが、クリシュナはヘビのかま首に飛び乗った。すると、カリヤーは大量の毒を吐き出し始めた。クリシュナが彼になぜ毒を吐き出すのかたずねると、カリヤーは答えた、「主よ、私に毒を下さったのはあなたです。あなたをたたえるための私の持ちものはこれがすべてなのです。どこで私は甘露を手に入れることができるのでしょうか?」

第四章　師の逝去
ラトゥ・マハラージが語る

一八八五年の春、シュリ・ラーマクリシュナはのどのガンをわずらい、それが命にかかわることがわかった。その年の終わりまでに、信者たちは彼をダクシネシュワルからカルカッタの、最初はシャンプクルの一軒の家へ、のちにはコシポルのガーデンハウスへ移した。ここでは、医師の注意も行き届きやすいく、信者たちからもよりよい看護を受けることができた。信者たちは最後の数カ月間、彼に仕え、彼を助け、そして彼に会いに来たのである。ラトゥは言うまでもなく、彼のそば近くに仕えた者たちの一人だった。シュリ・ラーマクリシュナの肉体は次第に衰弱していった。師が便所に歩いて行くこともできなくなったとき、ラトゥは彼の心配を見て真剣に言った、「師よ、私がおります、あなたの掃除人です。私が何もかもお世話いたします」痛みが耐えがたくなったとき、師はほほえんでささやいたものである、「肉体とその痛みとは仲よくさせておけ。私の心よ、おまえは常に至福にあれ！」

一八八六年八月一六日、ついにシュリ・ラーマクリシュナはマハーサマーディに入った。それは最後の明知であり、偉大な、霊的な魂の死であった。ラトゥ・マハラージはその日のことと、それに続く日々のことを彼自身の言葉で語った。

毎晩、お休みになる前に、師はよく言っておいでだった。「ハリ・オーム・タット・サット（まことに主は唯一の実在である）」あの最後の晩、私が彼を扇であおいでいるとき、彼はそう唱えておられた。夜の一一時近くだった。そのとき、師はため息をおつきになって、サマーディにお入りになったご様子だった。ブラザー・ロレン（ナレン）が私たちに「ハリ・オーム・タット・サット」を唱えてくれと頼んだ。私たちは一時まで唱えつづけた、すると師がサマーディから降りておいでになった。それから彼は、シャシ（のちのスワミ・ラマクリシュナーナンダ）がお口に運んでさしあげたファリナ・プディングを少し召し上がった。突然、彼はまたサマーディにお入りになった。それを見て、ロレンは心配をつのらせた。彼はゴパール・ダーダー（ゴパール兄、のちのスワミ・アドヴァイターナンダ）を呼んで、ラームラール・ダーダーを連れてきてくれと頼んだ。

ゴパール・ダーダーと私はただちにダクシネシュワルに向かい、ラームラール・ダーダーは私たちと一緒に戻ってきた。彼は師を診察して言った、「頭のてっぺんはまだ温かい。キャプテン（ヴィシュワナート・ウーパーダイ）を呼んで下さい」

その朝はやく、ドクター・マヘンドラ（ドクター・マヘンドラ・ラル・サルカル）が師を診察しに来て、「彼は肉体をお棄てになった」と言ったのだった。間もなく、キャプテンが到着した。彼は私たちに、師のおからだをギー（精製したバター）でマッサージしてさしあげてくれと頼んだ。シャシが彼の胴体を、そしてヴァイクンタが彼の足をマッサージしたが、何の効果もなかった。

ホーリーマザーは自分を抑えることがおできにならなかった。彼女は師のお部屋に入ると、叫ばれた、「おお、母カーリー、私が何をいたしましたでしょう？ 私をお残しになるなんて」マザーが泣いていらっしゃるのを見て、バブラーム（のちのスワミ・プレマーナンダ）とヨギンが彼女に近寄り、ゴラプ・マー（シュリ・ラーマクリシュナの女性の弟子であり、ホーリーマザーの付き人）が彼女をご自分の部屋にお連れした。

やがて、カルカッタの信者たちが知らせを聞いて、ぼつぼつ到着しはじめた。信者たちと一緒の師のお写真が一枚（実際は二枚）撮影された。そのころには昼もすぎていた。

師のなきがらは、コシポルの火葬場に運ばれるまで簡易寝台に安置され、美しく飾られていた。ラーム・バーブは私に、アクシェイ・バーブが火葬場から戻るまでガーデンハウスにいよ、と命じた。それで、皆は行ってしまったが私はそこにとどまった。たった一度、ホーリーマザーが泣いておられるのが聞こえた。その後は静かだった。私はあれほどしっかりとした女性を見たことがない。

その夜、私は火葬場に行った。たくさんの人がガンガーのほとりに静かにすわっていた。シャシが扇を手に、火葬の積みまきのかたわらにいて、シャラト（スワミ・サラダーナンダ）がそのそばにいた。シャラトとロレンの二人がシャシをなぐさめようとしていた。私は彼の手を取って、少し気を引き立てようとしたが、彼は悲しみに身うごきもしなかった。それから、シャシは師の遺灰とお骨を集めて、骨壷に入れた。彼は骨壷を頭にのせてガーデンハウスに運び、そこで骨壷は師の寝台に安置された。

あくる日、ゴラプ・マーが私たちに、師がヴィジョンとしてホーリーマザーに現われ、彼女が腕輪をはずすことをおとめになった、と教えてくれた。彼は、「私がどこかに行ってしまったというのか。私はここにいるのだ。ひとつの部屋から別の部屋に移っただけなのだ」とおっしゃったのである。悲しみにくれていた人々は、ゴラプ・マーからこれを聞いて、疑念を捨てた。「師へのご奉仕は今までどおりに続けるべきだ」と彼らは言った。

ニランジャン、シャシ、ゴパール・ダーダー、タークは、その日コシポルに泊った。ホーリーマザーがヨギンと私に、カルカッタに行って、師を礼拝するための食糧と他の品々を集めてきてくれ、とおっしゃった。その日の昼には、師に料理を供えてから、ラーム・ナームを歌った。それから、ゴパール・ダーダーとタークと私以外の全員が家に帰った。

三～四日後、ホーリーマザーは、ゴラプ・マーとラクシュミ・ディディ（シュリ・ラーマクリシュナの姪）と私を連れてダクシネシュワルに行かれたが、私たちは日暮れ前に戻った。あとで聞いたのだが、その日の正午にシャシ、ニランジャン、ロレン、ラカール、バブラームがコシポルに来ていたところに、午後、ラーム・バーブが訪ねて来て、弟子たちに、ガーデンハウスを引き払って家に帰ってくれと頼んだのだ。これを聞いてニランジャンもシャシも衝撃を受けた。彼らはここで師の礼拝を続けたかったからだ。その晩すぐに、ニランジャンはバララーム・バーブの家に向かった。

あくる日、バララーム・バーブはコシポルに来て、ホーリーマザーを彼の家にお連れした。師のさまざまの遺品も一緒に持って行った。私は、ゴパール・ダーダーとターラクと一緒にコシポルにとどまった。そのころには、誰も彼もが昼ごろにガーデンハウスにやって来て、夕方ごろまでいたものだった。

ラーム・バーブは、カンクルガチの彼のガーデンハウスに師の遺骨をおまつりして、そこに僧院を建てたいと思っていたが、シャシとニランジャンはこの案の受け入れを拒否した。彼らはラーム・バーブに、遺骨はどうしても渡すわけにはいかない、と言った。ロレンは彼らをとりなそうとして言った、「兄弟たちよ、この骨壷をめぐって争うのはよくない。私たちには自分たちの僧院がない、そして、ラーム・バーブは師の御名のもとに彼のガーデンハウスの権利をこころよく与えてくれるのだ。よい提案だ。私たちはそこで師の礼拝を始めなければならない。私たちが自分の人格を師の理想に従って築くことができるなら、私たちは人生の目的を達することになるのだ（注一）」

ジャンマシュタミ（クリシュナの誕生日）の前日、私はラーム・バーブの家に行き、あくる朝、私たちは行列をなしてそこからカンクルガチまで、道々ずっとキルタンを歌いながら行進した。シャシは師の遺灰の入った骨壷を頭にのせて運んだ。聖別式の最中に、彼らが骨壷に土をかぶせようとすると、シャシは叫んだ。「おお、師が苦しんでおられる！」この言葉を聞いて、居合わせた人々は泣いた。

師が亡くなられた日のこと、コシポルの火葬場から戻るときに、ウペン・バーブがヘビに咬まれた。ニティヤゴパールが、真っ赤に焼けた鉄を使って傷口を焼いた。傷は治っていなかったが、ウペン・バーブはそれでもキルタンに参加した。彼は神に身をささげた仲間が大好きだったのだ。

カンクルガチの儀式のあとに、ラームラール・ダーダーは、ダクシネシュワルで宴席（訳注＝葬儀の一部として行なわれる）の手はずをととのえていた。その日はキルタンも行なわれた。ラームラール・ダーダーはバラーム・バーブの家に行って、ホーリーマザーがダクシネシュワルに来て下さるようにお招きしたが、彼女はお断わりになった。でも、私は宴席に参加した。

師が亡くなられた後、私は悲しかったので、コシポルにあまり長くとどまっていることはできなかった。しばしばラーム・バーブの家に行き、そこからロレンの家に行ったものだ。ロレンはよく、師にまつわる多くのことを、くわしく話してくれた。私は彼に言った、「ブラザー・ロレン、ざっくばらんに言うが――師はあなたをそれは愛しておいでだったので、あなたがいなければ生きていくことはおできになりませんでした」するとロレンは笑って言った、「兄弟よ、心配しなくてもよい。彼は、君も、シャシも、ラカールも、非常に愛しておられた、だから彼はこれからも常に君たちのそばにいらっしゃるだろう。君たちにくらべたら、私はほんのわずかしか師にお仕えしていなかった！」見て下さい、ブラザー・ロレンがどれほど謙虚であったことか！

ある日、弟子たちの一人が嘆き悲しんでいた、「やはり師は私たちをおいて行ってしまわれた」私はこの言葉に衝撃を受けて、言った、「疑う者にとっては、彼は死んでおいでになる、しかし彼を信じる者にとっては、生きておいでになるのだ。彼がホーリーマザーの前に現われて下さったことをおぼえていませんか？あなたがそのような信仰を持てば、彼はあなたのもとにも現われて下さるだろう」

（注一）ラームチャンドラや他の在家の弟子たちは知らなかったが、実際には、シャシとニランジャンはシュリ・ラーマクリシュナの遺骨をひそかに二つに分けていた。大きいほうの遺骨はバララーム・ボースの家に運ばれ、のちに、若い出家の弟子たちがつくった僧院の中で彼らによって礼拝された。最終的に、数年後、ラーマクリシュナ僧院がベルルに設立されたときに、この遺骨はそこにまつられた。小さいほうの遺骨は、ラームチャンドラが望んだとおりにカンクルガチのガーデンハウスに運ばれた。

第五章　ブリンダーバンへの巡礼

ラトゥは、シュリ・ラーマクリシュナの男性の弟子の中で、師の生前、師の妻であり霊性の伴侶であったシュリ・サラダ・デヴィと交流のあった、数少ない中の一人であった。サラダ・デヴィは、シュリ・ラーマクリシュナの弟子たちにはホーリーマザーとして知られており、ダクシネシュワルの、シュリ・ラーマクリシュナの部屋にほど近い小さな音楽塔、ナハバトに住んでいた。彼女はすばらしい帰依心とこの上なくきよらかな態度で師に仕えていた。しかし、恥ずかしがり屋で、わずかな人々以外とはあまり接触をもたなかった。ラトゥと同じように、彼女はある村で育ち、村の風習に慣れていた。ラトゥは、とりわけ無邪気なたちで、年少でもあったので、ホーリーマザーは彼には非常にうちとけていた。彼女は彼を自分自身の息子のように思っていた。彼のほうも、彼女に崇敬の心を抱いており、その心にまさるものは、ラトゥのシュリ・ラーマクリシュナに対する崇敬のみであった。

あるとき、シュリ・ラーマクリシュナはラトゥの瞑想を中断させて彼に言った、「おまえはここにすわっているが、ナハバトにいる彼女には、チャパティ（インド風の平たいパン）のドウ（訳注＝生パンのかたまり）をこねる手伝いがいない」そこで、彼はラトゥをホーリーマザーのところに連れて行き、彼女に、この少年は非常に純真である、彼女が必要とすることは何なりと手伝ってくれるだろう、と告げた。それ以来、ラトゥはホーリーマザーの日々の仕事を手伝った。彼と、それから年長のゴパール・ダーダーは、しばしばシュリ・ラーマクリシュナとホーリーマザーとの間の伝言を運んでいた。

シュリ・ラーマクリシュナの没後、一カ月たたないうちに、ホーリーマザーはブリンダーバンへの巡礼に旅立った。彼女のお供をしたのは、ラクシュミ・ディディ、ニクンジャ・デヴィ（『ラーマクリシュナの福音』の記録者「M」の妻）、ゴラプ・マー、そして師の出家弟子のうちの三人――ヨギン、カーリおよびラトゥであった。一行はまずデオガルにとどまり、そこで主ヴァイディヤナートの寺院を参拝した。そこから彼らはヴァラナシ（ベナレス）におもむいた。聖地にいる他の巡礼たちと同じように、彼らは主ヴィシュワナートと、女神アンナプルナ――ヴァラナシの有名なシヴァとその伴侶――に参詣して、他の多くの寺院をもおとずれ、さらに、当時ヴァラナシに住んでいた何人かの修行者を訪ねた。ある日、彼らは高名な学者でありサドゥであるスワミ・バスカラーナンダのアシュラマに行った。ラトゥは彼と長いあいだ話し合った。

スワミはラトゥに言った、「歩きまわっていて時間を浪費してはなりません。一カ所にすわって『彼』をお呼びなさい。そうすればかならず主の恩寵をいただくでしょう。私は若いころ、数多くの聖地を訪ねて数多くのサドゥたちと交わりました。私は歩いて四大聖地（インドの四隅にあるケダルバドリ、プリ、ドワーラカーおよびラーメシュワラム）をめぐったのです。当時は鉄道もないのですから、どれほどの困難を味わわなければならなかったか想像がつくでしょう。しかし、それほどの苦行をしても、ほとんど得るものはありませんでした。無知と悲しみはあいかわらず深かったのです。最後に私は、この庭園のここにすわって、覚悟を決めました、『神を悟らせて下さい、さもなければこの肉体を死なせて下さい』と。そして今、おわかりでしょう、私はわずかながら永遠の至福を得たのです」

ラトゥ自身、後年、ホーリーマザーとともに旅した巡礼の日々について語った。

「ある夜、私たちはヴィシュワナート寺院での夕拝に参加しました。宿に戻る途中、マザーはおつかれのようでしたが早足で歩いておいででした――それが実に早足なので、ついていくのが大変でした。宿に着くやいなや、彼女は簡易寝台に横になられて、口をおききになりませんでした。真夜中に彼女は起き出されて、すわって瞑想をしておいでのご様子でした。朝になって、ゴラプ・マーが何度もお呼びしたのですが、彼女は瞑想から覚めることがおできになりませんでした」

「私たちは三日間ヴァラナシに滞在しました。それから、一日をアヨディヤー（シュリ・ラーマ生誕の地）で過ごしたあと、一行はブリンダーバンに向かいました。そこの駅で列車から降りたとき、マザーは私が車内に忘れものをしたことにお気づきになり、他のだれかに、持ってきてくれとお頼みになりました。私たちは、カーラ・バブーのガーデンハウスに行き、一行はそこに滞在しました。ホーリーマザーはそこでヨギン・マー（シュリ・ラーマクリシュナのもう一人の女性の弟子）にお会いになりました。彼女をご覧になったとたん、マザーの押し殺していらした、師への深いなげきが心の奥底からわきあがり、彼女たちは抱き合って泣いておられました」

「ある日、私たちはマーダヴァ寺院を訪ねました。だれかの子供が中庭をよごしてしまっていました。ゴラプ・マーはためらうことなく着物の一部を引き裂き、水を少しつけて汚れをきよめました。彼女が聖堂を清潔にけがれなく保つことにどれほど熱意をもっていたかを見て下さい！　彼女がマザーと同居していたころ（おそらく、のちのカルカッタのウドボーダンでのことを指すのであろう）、彼女はマザーのお部屋を一点の汚れもないようにしていました。彼女にとって、そこは聖堂と同じだったのです。師のもとに来る前、ゴラプ・マーは世間の決まりごとに関して頑固なほどに因習的な人だったのですが、それがすべて、彼の影響でだんだんに消えてしまったのです」

「マザーはいつも、ラクシュミ・ディディをともなってヤムナ川のほとりを散歩していらっしゃいました。彼女は、時にはヨギンを、また時には私を連れて行かれました。ブラザー・カーリはそのころブリンダーバンのあちこちをめぐり歩いていました。のちに、彼はカルカッタに向かいました」

「この間に、師が夢の中でマザーのところにおいでになって、ブラザー・ヨギンにマントラを授けよ、とお命じになりました。それまで、マザーはだれをもイニシエイトなさったこともなかったので、気がお進みになりませんでした。けれども師がつよくおすすめになったので、彼女はヨギンにイニシエーションをお授けになりました」

「ブリンダーバンに滞在している間、マザーは、花やその他のものをささげて師のお写真を礼拝しておられました。彼女は、師のご遺骨をほんの少し納めた小さな丸い箱を持ち歩いていらっしゃいました。お写真への礼拝のあとに、彼女はいつもこの小箱を額に当ててから、実にうやうやしく、それをもとの場所にお戻しになるのでした。ある日には、彼女は小箱を私たちの頭にも触れさせて下さいました」

「マザーは、キルタンを聴くのがとてもお好きでした。ラクシュミ・ディディと私をお供に連れて、彼女はときどきバガヴァーンジーのアシュラマにいらして、主の御名の歌をお聴きになりました」

スワミ・シッダーナンダは、ホーリーマザーのラトゥへの愛情こまやかな態度について書いている。

「ブリンダーバンではラトゥの食事の時間は決まっていなかった。彼はよく、時ならぬ時刻にマザーや彼女の付き人たちのところにやって来て、食べ物を下さいと頼んでいた。その上、彼は何匹かのブリンダーバンのサルに彼の分を与えることもあった。他の女性たちは、無理もなかったがこれをいやがって、彼をよく叱りつけていた。しかし、マザーは彼の無邪気なふるまいをいやがられることは決してなく、ラクシュミ・ディディやゴラプ・マーに彼を叱らないように頼んでおいでだった。彼女自身、よくラトゥのかたわらにすわり、母親のような愛で彼の面倒を見ておいでだった。マザーは、ご自分の子供のことを実によくご存知で、彼の気持ちが傷つきやすいことを知っておられた。彼女は付き人たちに、ラトゥが好きな時に来て好きなように食べられるように、ラトゥの食事を、決まった場所にきちんと蓋をして取っておいてやってくれとお頼みになった」

スワミ・ヨガーナンダは回想している。「ある日、ラトゥは私たちの間からふっと姿を消し、見つからなくなりました。マザーは無性に心配なさいました。それから三日後、彼は忽然とまた現われたのです。私たちはどこに行っていたのかと尋ねましたが、彼はにこにこしているばかりで何も言いませんでした。ふたたびマザーがお尋ねになると、彼は、『ヤムナ川のほとりにいました』と言いました。そして、子供のようにつけ加えました、『すごくおなかがすきました。食べる物を下さい』マザーはすぐに食べ物を持ってきておやりになりました。彼はそれを食べると、すぐにいなくなりました。マザーは、おっしゃいました、『ラトゥはほんとうに、変わった子ねえ！』と」

第六章　バラナゴル僧院にて

シュリ・ラーマクリシュナと接した人はみな、神の悟りに向かって、強力な後押しを受けた。彼は霊性の巨人であった。言葉により、触れることにより、あるいはただそばにいるだけで、相手の心をたかめることができた。さらに、彼は信者の中から何人かの若者を選び出して特に、放棄の精神と神のヴィジョンへのあこがれを教え込んだ。これらの若者たちの多くが、彼の僧団のいしずえとなり、彼の高邁な教えの生きた模範となる運命にあった。ラトゥはこのグループの一人であった。

シュリ・ラーマクリシュナの没後、これらの若い弟子たちの幾人かは、実家に戻って学業をおさめるか、あるいはただちに放棄の生活と霊性の修行に身を投じるかを選択しなければならなかった。しかし、ラトゥには家族はなく、彼をしばる他の義務はなかった。タークとゴパール・ダーダーもまた家を出ており、世間のしがらみはなかった。この三人は、賃貸の期限が切れるまでコシポルのガーデンハウスにとどまった。このころに、ラトゥはホーリーマザーとともにブリンダーバンへの巡礼の旅に出たのだった。

まもなく、師の信者たちが集うことができて、若い弟子たちが生活することのできる場所として、カルカッタ近郊のバラナゴルに一軒の家が賃借された。バラナゴルの家は、しだいに、世を放棄した師の若い弟子たちの家となり、バラナゴル・マート、すなわちバラナゴル僧院として知られるようになった。つづく数年間、これらの若者たちの多くは、遊行僧としての生活を始め、インドの隅から隅まで旅して、食物を乞い、苦行をおさめた。しかし、だれもが、僧院でしばしの時を過ごした。彼らのうち少なくとも一人は常にそこにいたものである。とりわけ、シャシは聖廟での師の日々の礼拝の責任を持ち、また兄弟たちの身辺の世話をした。僧院での生活は、厳しい霊的修行と苦行と、聖典の学習とからなる生活であった。兄弟たちのおのおのが、シュリ・ラーマクリシュナから受けついだ神聖な遺産をわがものとしようと奮闘していた。

バラナゴル僧院の光景の面白い、しかも忠実な描写を、スワミ・ヴィヴェーカーナンダの弟、マヘンドラナート・ダッタが残している。

「僧院の家屋は、非常に古く、いたんでいます。一階の部屋は陥没していて――何カ所かは地面の下にまで――、ヘビとジャッカルのすみかです。二階への階段の踏み板はほとんど半分なくなっています。二階の床は、ある所もあり、ない所もあって、床下の粗石がむき出しです。戸口や窓のよろい戸は大部分が失われています。多くの（屋根の）垂る木は落ちており、屋根瓦は割った竹で支えられています。周囲はすべてイバラの茂みです。おまけに、この家にはまさにうわさのとおり、ほんとうに幽霊が出るのです」

「聖廟には師がコシポルのガーデンハウスで使っておいでだった品々が保存されています。僧院のメンバーはみな床に寝ており、簡易寝台を持つというぜいたくはもってのほかです。むしろのようなものを二～三枚縫いあわせたしろものが、『デモンのホール』をおおうカーペットです（弟子たち自身がその部屋をこう名づけていた。そして、おどけて自分たちを主シヴァに仕えるデモンたち、と呼んでいた）。このホールの一隅には巻いた敷物がありますが、これは安心して泥棒にあずけることもできるようなものです。その敷物のたて糸がこっちにあると、よこ糸はあっちにあって、その二つがときたま会釈しあう――要するに、海で大きな魚をとるための漁師の網のようなものなのです。枕ですか？ それはもちろん、レンガです。石のようにやわらかで、『デモンのホール』に敷きつめられたそのむしろのようなしろものでおおわれています。これが、彼らの部屋とその造作です」

一八八七年の一月か二月に、ラトゥはブリンダーバンからカルカッタにもどった。ラームチャンドラ・ダッタの娘が火事で受けたやけどがもとで急死し、その知らせがホーリーマザーに届くと、彼女がラトゥをラームチャンドラ夫妻のもとに送ったのである。ラトゥはカルカッタに着くと、ラームチャンドラの家に直行した。三〜四日、そこに滞在したあと、彼はバラナゴル僧院に行った。ラトゥがブリンダーバンに行っていた間に、他の若い弟子たちの多くは一緒に、正式にサンニヤーサを受けていた、すなわち最終的な出家の誓いを立てていた。そこで、ナレンがラトゥに彼もサンニヤーサを受けるべきだ、と言うと、ラトゥはすぐに承諾した。実際に誓いを立てる儀式の前には、本人とその先祖のためにシュラーダ、すなわち葬儀がおこなわれる。これによって、僧となる前に世間とのつながりを断ち、そして自分の家族の救済を保証するのである。シュラーダの間のラトゥのふるまいは、変わっていた。この儀式の習慣であるサンスクリットのマントラの朗唱のかわりに、彼はただ別れた家族を彼なりのやり方で呼び出してしかるべき品々をささげ、「お父さん、来て下さい、おすわり下さい、私の礼拝をお受け下さい。食べ物と飲み物を召し上がって下さい」というふうに言ったのであった。

ラトゥの生涯には、非凡なところがあった。彼のひたむきな神への近づきかたは、あらゆる点ですばらしく、彼はシュリ・ラーマクリシュナの弟子たちの中でもきわめて特殊で、独特でさえあった。だから、ナレンは彼に「スワミ・アドブターナンダ」という戒名を与えた。これは、「アートマンのすばらしい本性の中に至福を見出す者」という意味である。これからは、われわれは彼をラトゥと呼ぶかわりに、ラトゥ・マハラージと呼ぼう。「マハラージ」とは、出家僧への呼びかけに一般に用いられる敬語である。

ある日、ラトゥ・マハラージをカルカッタに連れてきた叔父と思われるチャプラ地方の男がやって来て、彼に一度だけ生まれた村を訪ねてくれ、と頼んだ。彼は、彼特有のぶっきらぼうな返事をした。「あなたは自分のしたいようになさい。私は私の道を知っています」と。

ラトゥ・マハラージは正式にサンニヤーシになったあと、一年半をバラナゴル僧院で過ごした。後年、彼は僧院の初期のころの多くの物語を語っている。

「夕拝のときのシャシの動作は見ものでした。だれもが師の臨在をいきいきと感じることができました。ブラザー・カーリ(スワミ・アベダーナンダ)が師の礼拝のためのマントラを作ったので、それからは礼拝はこれらのマントラで行なわれました。そのころ、私たちは互いに心から愛しあっていたので、たまにだれかがだれかに対して怒っても、長続きはしませんでした。いつも、私たちの会話の話題は、師の卓越した愛のことになりました。だれかが、『彼は私を一番愛しておられた』と言うと、別の者がすぐに反駁して言うのです、『いや、彼は私を一番愛しておられた』ある日、そのような議論の最中に、私は彼らに言いました、『師は、財産をいっさいお残しにならなかったのに、それでも君たちの口論は果てしがないようだ。もし、彼が少しでも財産を残しておられたなら、君たちは訴訟を起こしていたかどうか、知れたものではない』私の言葉に一同どっと笑いました」

「私は、僧院でだれもが一生懸命勉強していることに気づきました。ある日、私はブラザー・シャラトにたずねました、『どうしてそんなにたくさんの本を読むのか。君たちはみな学校を出たのに、そんなに一生懸命勉強している!試験でも受けようというのか?』

「ブラザー・シャラトは答えました、『兄弟、真剣に勉強しないで、どうして宗教の深遠なことがらを理解することができるか』」

「私は、師はそのような深遠なことがらについてずいぶんたくさん話して下さったが、彼が本を読んでいらっしゃるところを見たことがない、と答えました。シャラトは言いました、『彼の場合はまったくちがう。彼自身、母なる神がいつも知識を山ほどくださると言っておいでだった。私たちがその境地に達しているのかね、またそうなれると思えるのかね。私たちは、そのような知識を得るために本を読まなければならないのだ』」

「私はそこであきらめず、答えました、『師は、私たちは、真理の一つの概念を書物の勉強から得、まったく別の概念を霊性の体験から得る、とおっしゃった』すると、シャラトは言いました、『しかし、彼は、教師になろうとする者は、聖典の勉強もしなければならない、とおっしゃったのではないか?』」

「それで、私は、人々は彼らの心の素質に応じてさまざまの形で理解する、ということ。そして、師は各人に彼の性質にふさわしい教えを与えられたのだ、ということを悟りました。それで、それ以後私は何も言いませんでした」

「ブラザー・カーリは、聖典やその他の本を勉強するのに忙しいことがしばしばでした。たまにひまがあると、彼はブラザー・ロレンと議論していたものでした。ロレンはいつも、彼をごく簡単に黙らせたものですが、ある日、カーリはロレンを議論でとても上手にやりこめたので、ロレンは応酬することができませんでした。すると、ロレンは言いました、『きょうはここまでとしよう。あす、ぴったりこの点から再開しよう』ブラザー・カーリは、しばらく非常に満足していました。しかし、翌日には、ロレンはカーリの論点をくつがえす新たな議論を持ちだしたので、カーリは敗北を認めざるをえませんでした。『私はただの一日も、ロレンを負かすことができなかった!』と、彼はがっかりして言いました。けれども、私は彼に言いました、『兄弟、そういうものなんだよ。ブラザー・ロレンは私たちの指導者なのだ。どうして君に、彼を追い越すことができようか』」

「あるとき、ブラザー・ヴィヴェーカーナンダと同じぐらい偉大にならなければならない、という思いが私の心に浮かびました。そのときは、彼がどれほど私より前進しているか（霊的な進歩の意）をほとんど理解していなかったのです。私はやり始めてみましたが、何を見出したでしょうか? やればやるほど、彼はさらにはるか前方にいるように見えるのです。一度、ほとんど彼をつかまえたかに思えたのですが、そのとき私には彼が全速力で進んで行くのが見えました。私のまずしい努力がいったい何の役に立ったでしょうか？ 主の恩寵は確実に彼の上にあったのです。私はすでに最大限の力をふりしぼってしまっていたので、それ以上努力することはとてもできませんでした。そのうえ、ブラザー・ヴィヴェーカーナンダは私をおさえようとしていたわけではないのです。私が彼と肩を並べることなど、できたはずがありません」

「またあるとき、聖廟をめぐって、兄弟弟子たちの間で白熱した言葉のやりとりがありました。それは、ある在家の信者が、『この連中、まるで昔ながらの神主がシタラー（ヒンドゥーの女神）の石像の前でやっているように、師のお写真の前で香を焚き、灯明をふる以外、何もしてはいない』と言ったことから始まったのです」

「この言葉を聞いて、ブラザー・シャシは非常に心を乱され、激しい調子で言いました、『あんな信者の金なんか、棒の先でだってさわるわけにはいかない！ のろわれている』」

「ブラザー・ロレンはブラザー・シャシが怒るのを見るといつも面白がりました」

「彼は、ブラザー・シャシに言いました、『よしわかった、では、君の師の召し上がりものは君が乞いに行け』」

「ブラザー・シャシは答えました、『いいとも、そして、私は君の金にもびた一文さわるものか！ 私の師にさし上げるために、私は乞食（こつじき）をする』」

「なおもほほえみながら、ロレンは言いました、『では、乞食で得たルチ（高価な揚げパン）を彼に捧げるのだろうね』」

「ひるまず、シャシは答えました、『そうだ、私は彼にルチをささげよう。それから、おさがりを君にやるから、あとでがつがつと食いたまえ』」

「すると、ロレンは怒ったふりをしました。『いや、われわれに食べ物がないときに、ルチなどを師にささげさせてなるものか！ そんな師はほうり出してしまうべきだ。君がしないなら、私が自分でほうり出そう！』こう言うと、彼は、はじかれたように立って聖廟に向かって行きました。シャシは英語で何か言いながら彼を追いました」

「起きたことを見て、私は間に入ろうとしました。私はロレンに言いました、『兄弟、どうしてあなたは師にルチをお供えしたいというシャシの望みに反対するのですか。彼には彼が好むようにさせ、あなたはあなたがすきなようになさい』ロレンは言い返しました、『だまれ、ばかもの』激しい反撃が私の口をついて出そうになりました。そのとき、ブラザー・ロレンがおなかをかかえて笑い、シャシも笑いだしました。数分後、私たちはいっしょにすわって、師の礼拝の準備について話し合っていました」

「ある日、ブラザー・シャシは、年とったスワミ（スワミ・サッチダーナンダ）に、朝早く、葉と樹皮を除いた新しい小枝を聖廟にささげてくれと頼みました。師が歯ブラシとしてお使いになるものです。このスワミは、小枝の一端をそっと打って繊維をやわらかにし、ブラシのようにしなければならない、ということを知りませんでした。彼は、一般の人がしているように、小枝をまるごと、打たないままで持ってきました。朝食をお供えするときにシャシはこれを見て、このスワミの所にとんでいって彼をこっぴどく叱りました。『ろくでなし、きょう君は師の歯茎を血だらけにした。よく教えてやろう』と。私はこのスワミに向かって叫びました、『そんな所にただ立って彼を見ていてはいけない、兄弟。逃げろ！』それで彼は逃げて、その場はすぐにおさまりました。シャシは、よく打って繊維をやわらかにした別の小枝を持ってきて、最初の小枝は投げ捨てました。ブラザー・シャシが師にお仕えする態度がどれほどのものだったか、見て下さい！」

バラナゴル僧院での日々を思い返して、スワミ・ラーマクリシュナーナンダはラトゥ・マハラージの瞑想の熱意について語った。「私たちは、しばしばラトゥを通常の意識に呼びもどし、ほんとうに無理に食物を食べさせなければなりませんでした。何度彼を呼んでも返事がないので、食べ物を彼の部屋に置いて立ち去ることがしばしばでした。日が暮れていきます。そして、私たちが彼を夕食に呼びに行くと、昼食が手つかずで腐りかけて置きっぱなしになっていて、ラトゥが、前と同じまっすぐな姿勢で、厚い木綿のチャドルにすっぽりとくるまって横たわっているのを見つけるのでした。私たちは、彼にわずかな食べ物を無理に呑みこませるのに、多くの策略をめぐらさなければなりませんでした」

スワミ・サラダーナンダはあるとき、マヘンドラナート・ダッタに言った。「ご存知でしょう、夜、レトときたらまったく眠らないのです。夜の前半、彼は眠っているふりをして、いびきすらかきます。でも彼は数珠を離しません。そして、他の者が眠ると、彼は起き上がって数珠を繰りはじめるのです。ある夜、数珠のカチャカチャ鳴る音が聞こえたので、私はネズミが部屋に入ってきたのだろうと思いました。私がこつこつと音をたてると、その音はやみました。少しあと、カチャカチャいう音がまた始まりました。今度はしばらくつづいたので、私はネズミではないらしいとうすうす気づきはじめました。次の夜、私は起きていて非常に注意深くしていました。最初のカチャリという音が聞こえた瞬間、私はマッチをすりました。すると、レトが起き上がって数珠を繰っているのがわかりました。それで私は笑いました、『ああ、君は私たち皆を追い越そうとしているのだね！私たちが寝ている間に、君は数珠を繰っている！』」

スワミ・トゥリヤーナンダが語った次の物語から、彼がラトゥ・マハラージを尊敬していたことがはっきりとわかる。

「兄弟僧の多くは、タパシヤーをおこなうためにバラナゴルの僧院を離れようとしていました。私もまた、インドの各地の修行者たちに会いたいという思いに駆りたてられました。私が考えている、内側からひとつの声が言いました、『彼ほどのサードゥをどこで見つけられるだろう』はっとあたりを見まわすと、ラトゥ・マハラージが厚い布にくるまって、深い瞑想に入って横たわっているのが見えました。即座に、つぎの思いが浮かびました、『まったくだ、どこで彼のようなサードゥを見つけられるだろう』まさにその瞬間、ラトゥが話し出しました、『君はどこに行くのか。ここでタパシヤーにはげむほうがよい』そのときは、私は僧院にとどまりました」

「またある日、霊性の問題についての会話の中で、私は述べました、『主は、不公平とか、無慈悲とかいうような欠点はお持ちではない』ラトゥ・マハラージはそのときは何も言わなかったのですが、私が話していた紳士が去ると、言いました、『君は何ということを言ったのか！　主は小さな子供のようなもので、君が母親のように「彼」の弁護にまわらなければならないとでもいうのか』私は釈明しようとして言いました、『もし、「彼」が「彼」の御心に浮かぶことを何でも実行しておられたら、「彼」は気まぐれな専制君主になってしまう。「彼」はロシアのツァー（訳注＝皇帝）のようなものだろうか。「彼」は、やさしくて慈悲深いのだ』ラトゥ・マハラージは目をぱちくりさせて言いました、『君の主を非難から救うのは結構だ！　ただ、君は専制的なツァーですら「彼」に導かれているのだということは、認めないのか』彼はこの問題に何というすばらしい光を投げかけたものか！　彼の言葉は、まるで、石に永久に刻みつけられたかのように私の心に残りました」

第七章　修行の日々

バガヴァッド・ギーター（九・二二）の中でシュリ・クリシュナは言う、「私を礼拝し、集中して私を瞑想し、一瞬一瞬私に帰依するならば、私は望みをすべてかなえてやろう」シュリ・ラーマクリシュナへの全面的な信頼が、ラトゥ・マハラージの人格の根幹であった。師が肉体として存在しているあいだ、ラトゥ・マハラージは彼の要望に絶対的に従っていた。師の没後、彼が師の導きをどのように受け止めていたかということは、私たちの理解の及ばないところである。彼自身、あるときこう言った、「私のようなおろかな人間が、生涯のあの時期（シュリ・ラーマクリシュナの没後）にどうやってきびしい修行を始めることができたでしょうか？　私が修行について何を知っていたでしょう？　このような鍛錬すべてを手ずから導いて下さったのは、彼なのです」

一八八六年に師が亡くなってから、一九一二年にヴァラナシに移って永住するまで、ラトゥ・マハラージはほとんどずっと、カルカッタ地区の、師が滞在した場所やしばしば訪れた場所から遠くない所で暮らしていた。しかし、都会でも彼は遊行僧の生活をし、人にも場所にも執着はしなかった。一九〇三年、バララーム・ボースの家に居を定めるまで、彼がわが家と呼んだ場所は一カ所もなかった。ときどき、彼は師のさまざまの在家信者の家庭に滞在したが、ほとんどの場合はガンガーの堤防で質素に暮らしていた。彼はしばしば、いろいろな信者たちから食物やわずかの硬貨や最低限の必需品をもらっており、一方、信者たちはこの修行者に奉仕することをありがたいことと感じていた。その時期、彼は僧院に滞在することもあった。

あるとき、一人の信者がラトゥ・マハラージのところに来て、ほどこしを乞うようなことはもうしないで、在家の弟子たちに必需品を用立てさせてくれ、と頼んだ。はじめ、ラトゥ・マハラージは、食物を乞うのは僧の生活の方法の一部だと言ってこれを拒んだ。しかし、彼の兄弟弟子であるスワミ・ブラマーナンダがこの信者にそう頼むようにすすめたということを知って、彼は折れた。そのとき以来、彼は信者たちからの奉仕を受けるようになったが、どうしても必要なもの以外は決して受け取らなかった。

あるとき、ギリシュ・ゴーシュがある信者に言った、「ギーターに書かれているような僧に会いたければ、ラトゥに会いに行きなさい」その信者は、ギリシュの言わんとするところがわからなかった。ギリシュは言った、「あなたはギーターの第二章を読んでいないのですね。確固たる知恵をもつ人の性質がそこに書かれているのです。そのような性質のすべてが、ラトゥの性格にあらわれていることがわかるでしょう」

バガヴァッド・ギーターのこの有名なくだり、第二章の最後の部分は、明知の人について語っている。

「逆境に心を乱さず、幸福を追い求めず、おそれを知らず、怒りを知らず、物欲を知らぬ者。私はその者を見者、明知の人と呼ぶ」

「この者の肉のつながりは断ち切られている。幸運であっても嬉しがらない。不運であっても歎かない。私はこの者を明知の人と呼ぶ」

シュリ・ラーマクリシュナの在家の弟子であったナヴァゴパール・ゴーシュもラトゥ・マハラージにこれと同じ資質を見出していた。「ひところ、ラトゥ・マハラージは私の家によく来ていました。彼が世間とのすべてのかかわりから遠ざかっていることは誰にでもわかりました。彼は個人的な欲望をいっさい持たず、だれに対する義理も負っていませんでした。彼は食物が来ても美味を楽しまず、あるいは食物がなくてもほしがったり苦しがったりしませんでした。ひと目見ただけで、彼がまったく無欲であることが誰にでもわかりました」

つぎの話は、スワミ・シッダーナンダによって記されている。「実際に見たある信者が言った、『ラトゥ・マハラージはよく、手ぬぐいの端に干した豆を包んでガンガーに漬けていました。やわらかくなってからそれを食べていたのです。ある日、いつものとおり、彼は豆を漬けて、その上にレンガをのせて固定しておきました。そのときは引き潮でした。彼はすわって瞑想しましたが、あまりに没頭したので潮が変わったのに気づきませんでした。通常の意識に戻ると、河は満潮になっていました。彼の豆は！ 手ぬぐいは流されてしまったのか、知るすべはありません。彼はじっとすわっていました。どうすることができたでしょう？ ふたたび潮が引いたとき、彼は、豆を包んだ布切れがそのまま、置いた場所にあるのを見つけました。彼はそれを引き上げて、食べ始めたのでした』」

後年、ラトゥ・マハラージ自身、カルカッタでの当時の日々を語っている。「私はいつもガンガーの堤防にいて、プリ（揚げパン）と、ポテトカレーか揚げた豆を常食としていた。そのころのある日、シャンティラーム・バーブ（バララーム・ボースの義理の兄弟）が彼の家に滞在してくれと熱心にすすめてくれた。私は丁重に言った、『おわかりでしょうが、シャーンティ・バーブ、私は沐浴や食事などの時間を決めていないのです。どうして私のせいで不必要に面倒な思いをなさることなどがありましょう。私は市場で求めたプリとカレーで十分満足しているのです』彼が何と言ったかわかるか？ 『私どもはあのような大家族なので出費もかさみます、したがって、米が一ポンド、小麦が一ポンド減ったところで誰も問題にはしません。それに、ご心配は無用です――食事は昼と夜、あなたのお部屋に運ばせましょう、そうすればあなたはご都合のよいときに召し上がることができます。あなたにもご迷惑はかけませんし、私どもも迷惑ではありません』私はとても、彼にいやだと言う気にはなれなかった」

「ある日、私は少しぼんやりしてバグバザールでワラを積んだ船にすわっていた。乗務員は私に気づかなかったし、私も船がいかりをあげたのを知らなかった。私は、船が川をさかのぼってダクシネシュワルを少し通り過ぎて初めて、何が起きているのかに気づいたのだ。船員に助けてくれと頼むと、彼らは私を船からおろしてくれた。カルカッタに戻る途中にダクシネシュワル寺院に寄ると、ラームラール・ダーダーがたくさんごちそうしてくれた」

ラトゥ・マハラージはまた、そのころ起きた似たようなできごとについてある信者に語っている。「私はいつも日中はシヴァ寺院の近くの沐浴ガート（水辺におりるための場所、しばしば階段がついている）で過ごし、夜はバグバザールのチャンドニ（柱廊玄関）のテラスで過ごしていた。これらが、私の瞑想とジャパムの場だった」

信者が尋ねた、「雨が降ったらどうしていらっしゃったのですか、マハラージ？」

ラトゥ・マハラージは答えた、「そうだな、ガートの近くにいつも、からっぽの鉄道車輛がたくさんあった。私はよくそこに入り込んでいた。雨がやんだらまた出てくるのだ。あるとき、車輛に入っていると、いつのまにか車輛が機関車につながれてうごいていた。あくる日、何人かの運搬人がやってきて、私に車輛からおりてくれと言った。私がここはどこかと尋ねると、チトポルだと言う。どうすればよかったのか？　私はバグバザールのガートに歩いて戻らなければならなかった。それ以来、車輛に雨宿りをするのはやめにしたよ。雨が降ったら、テラスを離れて、チャンドニの片隅で雨宿りをした。チャンドニの巡査は私を知っていたから、私の邪魔はしなかった」

ラトゥ・マハラージは回想している。「ブラザー・ヴィヴェーカーナンダが僧院から出発した（一八九九年、西欧への二回目の旅行）とき、私はそこにとどまる気になれなかった。私も出て、ウペン・バーブの印刷所に行った。彼は好きなだけそこにいなさいと言ってくれたのだ」

ある信者が尋ねた、「どうしてよりによって、マハラージ、印刷所にいることになさったのですか?」

ラトゥ・マハラージ「いけないいか? 夜は非常に居心地がよかったのだ。私はいつも、紙を入れる大きな木箱の上に毛布を広げてゆったりと横になっていた」

信者「しかし、おうるさかったでしょう、マハラージ」

ラトゥ・マハラージ「ああ、確かに。しかし瞑想の邪魔にはならなかった。二～三人いた雇い人は私を大事にしてくれたし、よく助けてくれた。それにウペン・バーブは心から私を愛してくれた。だから私はそこにいたのだ」

信者「あなたが印刷工などとつき合っていらっしゃったから、立派な人があなたのところに来なかったのです。そういう人間はみなやくざ者だったと聞いています」

ラトゥ・マハラージ「そう、私は彼らとつき合っていた。しかし、なぜ人々は彼らをやくざ者だと思ったのだろう」

信者「彼らの多くは、がらが悪かったし、酒や賭博に明け暮れていました。そうではありませんか? どうしてあなたがそんなやからと親しくなさらなければならなかったのでしょう」

ラトゥ・マハラージ「しかし、彼らは偽善者ではなかった」

この会話のときに居合わせたある人は、のちに日記にこう書いた、「ラトゥ・マハラージは人間を二種類に分けていた——欺瞞をいっさいしない人々と、偽善的な人々とにである。彼は、単純で気取らない人には愛と親しみを示したが、識者ふうの偽善者とは距離を置いていた」

バスマティ印刷所に滞在していたころのある夜更け、ラトゥ・マハラージが声を限りに叫んでいるのが聞こえた。「だまれ、デモンめ! 私を脅す気か、シュリ・ラーマクリシュナの子を? おまえの策略も脅しも無用だ——おぼえておけ!」こういった彼の怒号を聞きつけて、隣室にいた職人たちが彼のいる部屋に駆けつけると、彼は「英雄の姿勢」ですわっていた。これは、礼拝のときにとられる一つの姿勢で、勇敢さと決意をあらわす。彼の目はすわって、らんらんと輝いていた。彼がそれほどぞっとするような雰囲気にあるのを見て、彼らは何と言ってよいのかも、何をしたらよいのかも知らなかった。ようやく一人の男が勇気をふるい起こして尋ねた、「マハラージ、こんな真夜中に誰に向かって叫んでいらっしゃるのですか？　ここには誰もいません」ラトゥ・マハラージは何も答えなかった。

ラトゥ・マハラージはかつてある信者に言った、「求道者が一度サマーディを体験したからといって、その後何度でも、あるいは望むときにいつでも体験することができるとは思うな。それを一度しか味わったことのない求道者はたくさんいるのだ。一生のあいだに一度もそこに到達することのできない者はもっとたくさんいる。師は私に無限の恩寵を下さった。たった八年間、私に奮闘をおさせになったあと、ありがたいことに彼はあの境地にふたたび私を引き上げて下さったのだ。ある日、私はガンガーの堤防にすわっていた。そのとき、河を流れる水から光があらわれるのが見えた。光は次第に大きくなって、ついには天と地、そしてそのあいだの空間いっぱいに広がった。その限りない輝きの内部に、ほかの光が無数にあった。これを見て、私は完全に我を忘れた。次に何が起こったのかはわからない。しかし、そのすばらしい世界から戻ってきたとき、私は忘我のよろこびの境地にあった。何という至福だろう！　言葉であらわすことはできない。心の暗さはすっかり消えていた。私は、全世界が至福に、至福のみにみたされていると感じた」

カルカッタに住んでいたころに、ラトゥ・マハラージは幾たびか、インドの他の地方に巡礼した。一八九五年、彼はベンガルを南に下って、主ジャガンナートの壮大な寺院のある町プリへ旅した。一八九七年には、彼は、スワミ・ヴィヴェーカーナンダとともにカシミールおよびインド北西部を旅した一行の中にいた。そして、一九〇三年、彼はヴァラナシ、アラハバード、および再度ブリンダーバンを訪れた。同じく一九〇三年には、プリへの二回目の巡礼もしている。後年、彼はプリで過ごした時期のことを語った。

「プリの主ジャガンナートは素朴な木像の姿をした生きた存在だ。彼は各人に、各人独特の霊的な雰囲気と達成度に応じてあらわれる。私は彼に祈った、『主よ、あなたがチャイタニヤにお見せになったお姿、恍惚境の中で彼におびただしい涙を落とさせた、あなたの美しいお姿を私にお見せ下さい。私があなたの何を存じ上げているでしょうか？ どうぞ私にあなたのお恵みを垂れて下さい』こんなふうに自分を投げ出して、私はそこにとどまって待った。すると、ある日彼は私の祈りに答えて下さったのだ」

「私が主ジャガンナートにおいとまごいをしに行ったとき、私は二つの祈りをささげた。一つ目は、あちこちをさまよわずひとつ所に腰を落ち着けて主の瞑想に没頭できますように、ということ。二つ目は、食べたものは何でも消化することができますように、ということだった」

ある信者が二つ目の願いのわけを尋ねると、ラトゥ・マハラージは答えた、「わからないか？ サドゥは常にほどこしものを食べている。だからサドゥは不規則な時刻に食べるあらゆる種類の食物で肉体を維持しなければならない。消化力が弱いと、健康をそこなうだろう、そして霊的な実践の妨げになる。だから私はそういう恵みを乞うたのだ」

別のとき、彼はジャガンナート寺院の壮大さについて語った。「ほかのどこにあのような巡礼地があるだろうか？ あそこではすべてのものが平等なのだ。階級やカースト、宗派の区別がないのだ。これはささいなことだろうか？ それに、あそこはとても便利がよい。二〜三パイサあれば自分自身と客や友達全員のために、調理ずみの食べ物を手に入れることができる。料理人や料理のことを心配することは要らないのだ。もう少し払えば、彼らはプラサードをあなたの宿にきちんと届けてくれるだろう。あなたは完全に自由の身で霊的な実践に自分自身をささげることができる。その上、寺院は非常に大きいので、中のどこにでもあなた自身のための静かな場所をもつことができる。誰もあなたのことを気にしたりわざわざ邪魔したりすることもない。もっと静かな所がよければ、近くの浜辺に行けばよい。たくさんの修行者がそこで黙々とサーダナー（霊的な鍛錬）をおこなっている。シャンカラ、ラーマーヌジャ、そしてチャイタニヤはプリでサーダナーをおこなった。あそこは非常に神聖な所だ」

第八章　兄弟の僧たちとともに

ラトゥ・マハラージは、一八九三年、スワミ・ヴィヴェーカーナンダがシカゴでのアメリカ大博覧会の一環として開催された宗教会議への代表としてアメリカに出発したことを知った。彼はのちに言った。「私は、ホーリーマザーからブラザー・ロレンがアメリカに旅立ったことを伺った。私は彼の様子を聞きたくてたまらなかった。師がお亡くなりになったあと、師がブラザー・ロレンのかがやかしい未来についておっしゃった予言はまちがっているという人々もいたが、私は彼らを決して信じなかった。私は彼らに面と向かって言ってやった。『師がそう宣言なさったからには、あなたがたにもいつかわかるだろう、それは言葉のはしばしにいたるまですべて実現するだろう。いつの日か、彼は私たち全員を超えるだろう』そして、ついに、スワミジーのアメリカでの活躍が新聞に載ったとき……おお、私のよろこびをどうやって表わすことができるだろう！」

ギリシュ・ゴーシュは言った。「ラトゥはよく私の所に来て、アメリカでのスワミジーの華々しい活躍をことごとく聞きたがった。彼のふるまいはまるで子供で、信頼と感激でいっぱいだった。スワミジーの講演が最良のものとみなされたのだと教えてやると、彼は少年のように大よろこびに笑って、言った。『あたりまえのことです。彼には一八の力がその最高の形態ではたらいている、と師はおっしゃったではありませんか？　それ以外になりようがありません。師の予言がまちがうはずがありますか？』ある日、彼はあまりのよろこびに我を忘れて叫びました。『彼に手紙を書いて下さい。

「おそれることはありません、師があなたをまもってい て下さいます」と』そして別の人に彼は言いました。『見てごらん、師が「偉大になる」と目印をおつけになった人が、隠れたままでいられるかね？』」

スワミ・ヴィヴェーカーナンダは、一八九七年二月一八日、西洋からカルカッタに戻った。その日の昼、彼はバグバザールのパスパティ・バスゥの家に行った。兄弟弟子たちやその他の人々が彼に会いにそこに行ったが、ラトゥ・マハラージは屋内に入らなかった。スワミジーは、ラトゥ・マハラージはどこかと尋ね、彼が戸外の群衆の中にいると知ると、自身で彼をさがそうとした。

ある信者が、そのあとの話をラトゥ・マハラージから聞いた。「スワミジーが西洋から戻ったとき、西洋の弟子たちが数人、彼と一緒にいた。西洋人を弟子にしたりして、スワミジーはいささかうぬぼれてしまったのかもしれないと思い、私は彼に会いに行かなかった。しかし、スワミジーは私を見つけ出して、私と話した。彼は私に尋ねた。『他の者はみな来た。なぜ君は来なかったのか？』私は答えた。『あなたは今や男や女の西洋人の弟子をかかえている。私はあなたが私をおぼえているのかどうか、いぶかったのだ』彼は私の手をにぎりしめて言った。『君は私の同じ昔のブラザー・ラトゥだ、そして私は君の同じ昔のブラザー・ロレンだ』それで、彼が以前と同じように私たちを見ていること、名声も地位も彼の私たちに対する愛をそこなわなかったことが私にはわかった。彼は、食事を一緒にしよう、そばにすわらないかと私をさそった。それで、私はスワミジーの心が自尊心でくもらされてはいないことを確信した。その上、カルカッタに着くとすぐに、彼は高価な洋服をやめて二ルピーのチャダール（ショールにする布）と二ルピー半の靴を前と同じように身に着けたことに私は気づいた。彼は、偉大な名声と栄光を四散させたのだ」

「スワミジーのカルカッタ到着のおよそ一〇日後、彼らはショババザールのラジャの邸宅の前庭で盛大な会合をもよおした。私がスワミジーの講演を聞いたのはこれが初めてだった。私は、彼の人々への感化力が非常に強まっていることに気づいた。彼が話すにつれ、聴衆が強烈に感動するのを見たからだ」

一八九七年五月一日、スワミ・ヴィヴェーカーナンダによってカルカッタで会合が召集され、そこでラーマクリシュナ・ミッションが初めて組織されるとともにその理念が掲げられた。その会合のあと、スワミジーの兄弟弟子の一人が、このアイディアはシュリ・ラーマクリシュナの教えとあいいれるのかと質問した。ラトゥ・マハラージは回想している。「ブラザー・ヨギンがスワミジーに言った。『会合をひらき、講演をし、慈善活動をおこなう――これらは西洋風の考えかたで、エゴをそだてるだけだ。師はこのようなことを私たちにお教えになったのか?』」

「スワミジーは非常に真剣になって言った。『これが師のお考えでないとどうしてわかるのだ? 彼の思想は無限だ。君は彼を君のせまい知性の領域の中に制限したいのか? 私はそれをゆるさない。私はいかなる制限も打ちやぶり、彼のおおらかな思想を世界にひろめる。彼は決して、私に彼の写真への礼拝を説いてくれ、とおたのみにはならなかった。瞑想すること、祈ること、彼の高貴な力づけられる理想を私たち自身の人生の中で実現すること、そしてまたこれらの思想をひろい世界に伝えること、これらが彼が私たちにお教えになったことだ」

「『おそらく、君は私が新しい宗派をおこそうとしていると思っているのだろう。ちがう、まったくそうではない。恵まれたことに、私たちは彼の神聖な御足のもとに守護されている。私たちは、制限をもうけることなく万人にひとしく彼のすばらしい思想をまきちらすために生まれたのだ』」

「『見てくれ、兄弟、私は彼の恩寵を何度も何度も感じてきた。私は、私の背後に立ってこれらのことすべてをやるように仕向けておられるのは彼なのだと言うことをひしひしと感じた。ヒマラヤの小道で飢えて気をうしなったとき。身にまとうぼろ布もなかったとき。無一文なのに西洋に行くことにしたとき――このような場合のすべてに、私は彼のあふれる恩寵を感じた。そしてまた、アメリカの大通りが、このヴィヴェーカーナンダをひとめ見ようとつめかけた群衆であふれんばかりになったとき、そんなときにも彼は私に恩寵を浴びせて下さった、そして崇拝にも似た名誉と敬意の影響のもとにあっても私に冷静さを保たせて下さったのだ。いたるところで私に成功がついてきたのは、彼のおかげなのだ』」

「『そして今、私はこの国のために何かしたいのだ。疑念を捨ててくれ、そしてこの仕事で私を手伝ってくれ。君にもいつかわかるだろう、彼のご意志によって、全人類は利益を得るのだ』」

「すると、ブラザー・ヨギンは言った。『私たちは誠心誠意、君の主導にしたがってきた、しかし、本当のことを言うと、ときどき疑いをもつのだ。私たちの見るところ、師のなさり方はちがっていた。そして私たちは彼の教えから外れようとしているのかもしれないと思うのだ。ただただ心配なばかりにこう言うのだ』」

「スワミジーは答えた。『私たちの師は、君が思うほど狭量ではない。彼の生涯は実に偉大で、彼の思想は無限なのだ。自分は彼を理解した、などと誰が言えるか？　彼は無比の存在だ。有限なものは決して、無限をつつみこむことはできない、そして彼はいかなる点でも無限であられたのだよ。彼は、決意なさっただけで、またたく間に百万人のヴィヴェーカーナンダをつくることがおできになる。私がもう仕事をしないと言ったら、私は休ませてもらえると思うか？　彼は、この肉体と心を彼のお道具として欲していらっしゃるのだ。彼はこれらをとおして仕事をなさりたいのだ。それに服してしたがう以外に私に何ができよう？』」

「スワミジーとブラザー・ヨギンとのあいだでかわされたこの対話は、私たちの目をひらき、そして師のお言葉が私の心にぱっとひらめいた。『薄ぐらいランプのような者たちもおり、あかるいランプのような者たちもいる、そして、またたく星のような者も一人二人いる。しかし、私のナレンはまぶしい太陽だ。彼の前では他の者はみな、かすんでしまう』」

「ある日、私はブラザー・ロレンに言った。『兄弟、なぜこのような活動すべてを始めたのか？ 私たちの瞑想や祈りのさまたげにならないだろうか？』」

「彼は私にほほえんで言った。『このような仕事すべてになぜ私が着手したのか、どうしたら君にわかるだろうか？ 君はのろまだ。プララーダのように、カーの字を見ただけで君は涙を流す（注二）。君たちはみなバクタ（帰依の道をあゆむ者）だ。君たちにこの仕事の何がわかる？ 君たちは赤ん坊のようにむずかって泣くことしかできない。君たちは、泣くことによって救われる、最後の日には師が来て天国につれていって下さる、それからそこで心ゆくまで楽しむことができる、と考えているのだろう！ そして、知識を得るために聖典を学ぶ者、人々に正しい道を教え、病み苦しむ人々を救うために働く者はみな地獄に行く、こんな仕事はみなマーヤーなのだから、と言うわけだ。まったくすばらしい考えだ！ 人類に善をなすことはよけいなお世話で、こんなやっかいな活動によっては神に到達することはできない、とは。これが君たちの見方なのだろう、そうではないか？ まるで神の悟りがとても簡単なことであるかのように――君たちが神を呼ぶ、すると神がやってくる！ ただ神の画像を祭壇においてその前に花を二～三輪投げる人の前に神があらわれるのかね？ それを教えてくれ』」

「私は仰天してものも言えなかった。もう一人の兄弟子が私の考えに口ぞえしようとしてもごもご言ったが、はげしいけんつくを食った。スワミジーはつづけた。『ああ、君たちが帰依と呼んでいるものは、人間をよわよわしくするだけの感傷的なナンセンスだ。誰がそんな帰依をしたがるものか。人間を自己中心的にし、自分自身の救済にこだわるあまり、心が他に向かわないようにさせる、そんな帰依を私はいっさい信用しない。私は一人の真実の人間をそだてるためなら千回でも地獄に行ってやる、だが、君たちのするような帰依のとびらからは決して天国に入りたくない。私はそのような種類の救済は好きではない。君たちのシュリ・ラーマクリシュナがそんな教義を説いているのなら、私は彼の言うことを聞く耳をもたない。おぼえておいてくれ！　君たちも知ってのとおり、ある日、私はおろかにも師にこの種の帰依と救いを求めた、すると彼は私をおしかりになって、私のことを利己的で心がせまいとおっしゃった。君たちの言葉にまどわされるものか。私は彼がおっしゃったとおりに働く。自分の救いなどという考えを捨てて、他者の善のために働く用意のあるものは、私が彼のしもべであるとわかってくれる』」

「ブラザー・ヴィヴェーカーナンダは涙をあふれさせて部屋を出ていった。そのとき私たちはとても悲しんだ。なぜ私たちは彼と議論したのだろう？　師が彼を私たちの指導者になさったのだ。私たちのなすべきことは彼にしたがうことなのだ」

「翌日、彼が一人でいるところを見つけて、私は彼に言った。『兄弟、私がばかだった。私の言ったことを気にやまないでくれ』」

一八九七年に、スワミ・ヴィヴェーカーナンダはラトゥ・マハラージと他に数人の兄弟弟子や僧たちをつれて北インドへの旅に出た。彼らは、アルモーラ、アンバーラ、アムリツァー、カシミール、ラホール、デーラ・ドゥン、デリー、アルワール、ケトリ、ジャイプールをおとずれた。ずいぶんあとになって、ラトゥ・マハラージはある人に語った。「スワミジーのために小さなことでも尽くしてあげれば、彼はそれを大きな献身と思い、決してわすれなかった。アルモーラでバドリ・シャーの家に滞在していたとき、一度、スワミジーは突然会話を中断し、通りに走り出てファキール（イスラム教の修行者）の手に二ルピーをにぎらせた。私はおどろいて尋ねた。『なぜあの人にお金をやったのか？』彼は答えた。『いけなかったか？　あのファキールは昔、私の命をすくってくれたのだ。私がこの町で飢えて気をうしない、道にたおれていたとき、私にキュウリを食べさせて意識を戻してくれたのが彼なのだ。どう思う、レト? わずかの硬貨で、いったいあの恩にむくいることができただろうか?』」

カシミールに滞在しているとき、スワミジーはハウスボートを借りた。主人とその家族は、ボートの一角を家屋に使っていた。ラトゥ・マハラージはこれをうれしく思わなかった。一行の中で彼は最初にボートに乗り込んだが、船内に女性がいるのを見た瞬間、また外に飛び出してきた。スワミジーは事態を察したが、いくらラトゥ・マハラージを説得しても、彼は女性と一つのボートにいてはならないと言い張った。ついにスワミジーが言った。「君と一緒に私がいる。何をこわがることがある? 何も起こらないよ」それでやっとラトゥ・マハラージは承知した。

ある日、スワミジーは面白がって、主人の若い娘に、ラトゥ・マハラージにキンマ巻きをやってくれと頼んだ。ラトゥ・マハラージは、スワミジーが本当は彼をからかっているのだということはわかっていたが、彼はこの種の悪ふざけがきらいだった。その結果、泳げないのに彼は迷わず船べりから氷のような水に飛び込んだ。スワミジーは離れた所から見ていたが、これほど極端な反応を予期していなかった。彼は主人の助けを借りて救助にかけつけ、ラトゥ・マハラージを水からひっぱりあげた。世慣れた人間にはこのようなふるまいは極端に思えるかもしれないが、ラトゥ・マハラージはおもてうらがなく純粋であったので、僧としての生活信条をまったく完全につらぬいたのである。

ここで強調しておきたいが、シュリ・ラーマクリシュナは決して、弟子たちに女性を嫌悪せよと教えたのではない。そうではなく、放棄すべきは色欲であると教えたのである。彼は弟子たちに、あらゆる女性を母なる神のあらわれと見よ、と教えた。宗教の歴史上、シュリ・ラーマクリシュナほど女性に対して敬意をはらった師はいない。同時に、彼は女性の弟子たちにはすべての男性を父なる神の化身と見よ、とすすめた。

カシミールに滞在していたある日、スワミジーはラトゥ・マハラージに調理ずみの飯と肉を自分に買ってきてくれと頼んだ。当時、ラトゥ・マハラージは肉食を断っていた。スワミジーがラトゥ・マハラージも肉を食べるべきだと主張するかもしれないと考えて、彼は言った。「あなたに飯と肉を買ってくることはよろこんでやるが、いいね、私自身は食べないよ」スワミジーはラトゥ・マハラージにそれなら買ってこなくてもよいと言ったが、とにかく彼は店に行ってスワミジーに食料を買ってきた。

この期間に、スワミ・ヴィヴェーカーナンダはその地域の非常に古い寺院を訪ねた。戻ると、彼はその寺院がおそらく約三千年前のものだろうと言った。ラトゥ・マハラージはどうしてそれがわかったのかと尋ねた。「それを君に説明することは不可能だ」とスワミジーは冗談に言った。「もっとも、君が少しでも教育を受けていたら、やってみないでもないが」

ラトゥ・マハラージは答えた。「わかった！　やっと君の学識の深さがわかった。あまりにも深いので、私のようなおろか者に説明するために浮かびあがってくることができないのだ！」これを聞いて、いあわせた一同は大笑いした。

ラトゥ・マハラージは回想している。「ある日のこと、デリーでひとりの男がスワミジーのもとに来て尋ねた。『師よ、私はジャパムや瞑想をそれこそ何度も実践しているのですが、まだ光明が見えません』スワミジーは答えた。『あなたは意味を知らずにオウムのようにサンスクリット語の祈祷や聖歌を暗誦している。そうではなく、あなたの母語で真剣なあこがれの気持ちをもって神に祈りなさい。そうすれば、光明が見えるだろう』」

ケトリでは、ラトゥ・マハラージは、スワミジーの弟子であり友人であるマハラジャと話をした。ラトゥ・マハラージが非常に知的なので、マハラジャには彼が正式な教育を受けていないとは思いもよらなかった。実際、彼はラトゥ・マハラージと話すのが非常にたのしかったので、それをスワミジーにつたえた。スワミ・ヴィヴェーカーナンダの弟子であるスワミ・ディラーナンダは語っている。「ある日、ケトリのマハラジャは地球儀を持ち出してきて、ラトゥ・マハラージにいろいろな国々を指して見せはじめました。ラトゥ・マハラージはそれまでに地球儀を見たことがありませんでした。スワミジーはただちに状況を察し、兄弟弟子に助け船を出して、話題をすっかり変えてしまったので、ラージャはラトゥ・マハラージが学校教育を受けていないことを知ることはありませんでした」

スワミ・ヴィヴェーカーナンダ、ラトゥ・マハラージ、そして一行の残りの人々は、一八九八年の初頭にカルカッタに戻った。恒久的な僧院の本部として、カルカッタのやや北にあるベルルのガンガー河畔に地所を購入したのは、これからまもなくのことであった。その数年前に、僧たちは最初の居住地であったバラナゴルから、アラムバザールにある別の家に移っていた。今回は、僧院はふたたびアラムバザールから、新しい地所にさらに近い、ベルルの村のニランバル・ムケルジーのガーデンハウスに移った。

当時見習いであったひとりの僧が、こんな話をしている。「私はニランバル・バーブのガーデンハウスでラトゥ・マハラージを知りました。そのころ、シャラト・マハラージ（スワミ・サラダーナンダ）は西洋から戻ったばかりで、その僧院に滞在していました。彼はすっかりあかぬけて、部屋や持ちものをきちんと整理していました。ラトゥ・マハラージは部屋に入っては本を机からベッドに移したり、インクつぼを片隅にかくしたり、そんなことをして、整然としていた部屋をかきまわしはじめていました。それはほとんど彼の日課になっていました。シャラト・マハラージのベッドのシーツはまっ白でした。ときどき、ラトゥ・マハラージは清潔なベッドの上をわざとよごれた足で歩きまわり、それから横になってころがっていたもので、そのあいだ笑いどおしでした。シャラト・マハラージは尋ねて言いました。『何をしているんだ、ブラザー・ラトゥ？』ラトゥ・マハラージは笑って言っていたものです。『何もしていないよ。ただ、君が私たちの前の暮らしかたをおぼえているかためして、君がどれだけ西洋かぶれしたかを調べているのさ』これにはシャラト・マハラージも笑っていたものでした」

一八九八年一一月のカーリー・プージャの前日、ホーリーマザーが新しいベルル僧院の地をおとずれ、彼女の存在で境内を祝福なさった。ラトゥ・マハラージは回想している。「あの日、マザーは僧院の境内をおとずれて、彼女自身で師に礼拝なさった。おのおのの弟子たちは彼女のみ足のちりをとって、それからそれを集めて小箱に入れていた。その小箱はいまでも僧院で礼拝されている。マザーは僧院の敷地をごらんになって非常によろこんでおられた。ダクシネシュワルのカーリー聖堂の尖塔がそこから見えることをお知りになって、彼女はおっしゃった。『すてきですね。ここに来る人々は、ダクシネシュワルを見ることになります、そして師の神聖なおあそびを思い起こすことでしょう』」

ラトゥ・マハラージはある信者に語った。「霊性の師になろうとする者は、各人の素質を見ぬく才能を持っていなければならない。指導者が適材を適所に任用することができないと、僧院は円滑にいかない。ブラザー・ヴィヴェーカーナンダはこの才能を最大限に持っていた。彼は、ブラザー・ハリ・プラサンナ（スワミ・ヴィッギャーナーナンダ、工学の教育を受けていた）をベルル僧院に連れてきて、建築作業を彼にゆだねた。八カ月のうちに建物は完成した」

「聖別式の日（一八九八年一二月九日）、私たちはみな列席した。ブラザー・ヴィヴェーカーナンダは、シュリ・ラーマクリシュナの遺骨をお納めしたつぼを彼自身の肩にのせて僧院の聖廟にはこんだ。彼は自分自身で礼拝をおこなって、それが終わると私たちに向かって簡単なあいさつをした。『本日、師はここに鎮座なされた。兄弟たちよ、シュリ・ラーマクリシュナを私たちのみちびき手とせよ。完全に、無条件に、自分を彼のおみちびきのもとに置くよう、お願いする。彼は私たちにただ三つのことをもとめておいでになる――浄らかさ、素朴さ、およびおおらかさである。かならず、この三つの理想のもとに生きてくれ。ここではすべての信仰と宗派が尊重され、調和していなければならない。何ものも、他に従属すると見なされてはならない』」

一九〇一年の初めに、ラーマクリシュナ僧団の理事会が設立されたとき、スワミ・ヴィヴェーカーナンダはラトゥ・マハラージに理事のひとりになってくれと頼んだ。しかし、ラトゥ・マハラージはことわった。「私は地位も権威もほしくはない。たのむ、兄弟、私をまきこまないでくれ」

「ブラザー・ラトゥ、」スワミジーは答えた。「お願いだからしたがってくれ。理事として君の名を記入させてくれ。こばまないでくれ」スワミ・ブラマーナンダも同じことを彼に熱心にすすめたが、ラトゥ・マハラージは断固として言った。「私は何ごとにもかかわりたくない」彼は、シュリ・ラーマクリシュナの出家の弟子のうち、理事にならなかったごく僅かの中のひとりとなった。

一九〇〇年一二月のある夜、スワミ・ヴィヴェーカーナンダはアメリカとヨーロッパへの二回目の旅行から突然戻ってきて、だしぬけにベルル僧院にあらわれた。そのときたまたま僧院にいあわせたある在家の信者が、そのできごとを語っている。

「その夜、夕食が終わりに近づいたころ、園丁がやってきて『イギリス人が来ました』と誰かに知らせました。スワミジーの西洋人の弟子のひとりが来たのだろうと思われたので、スワミ・プレマーナンダが頼まれて来訪者をむかえに行かれました。その間にスワミジーは門をよじのぼってすでに中庭に入っておられました。スワミ・プレマーナンダは門まで行く途中、客にあい、その客はいきなりベンガル語で話しはじめました。

相手がわかって、スワミ・プレマーナンダは笑いながら叫ばれました。『スワミジー！　どうして電信を打って下さらなかったんだ？』みな、スワミジーをめざして走りました」

「ラトゥ・マハラージは、僧院のそばのガンガーの舟つき場の最上段にすわっていました。私は彼のところに走って行って、スワミジーが到着したと知らせました。ラトゥ・マハラージも走ってスワミジーに会いに行くものと思っていたので、彼があわてる様子をまったく見せないのにおどろきました。そのかわりに、彼はガンガーの川べりにすわって瞑想しないかとさそいました。『なぜそんなに興奮なさるのですか？　今は瞑想によい時刻です。おすわりなさい、さあここに』と彼は言いました。『ごらんなさい、ガンガーのおだやかなこと。瞑想なさい』」

「スワミジーは食事を終えると、ラトゥ・マハラージに会いに舟つき場に行きました。彼らは抱きあいました。少し言葉をかわしたあと、スワミジーは言いました。『レト、どうしたんだ？　君以外はみな私に会いにきた。君は私が嫌いなのか？』」

「『嫌いなはずがないではないか』とラトゥ・マハラージは言いました。『私の心がここにいたがったのだ、だからここにいたのだ』」

「『君は僧院に滞在していないと聞いた。どうやって生活しているのだ？』とスワミジーは尋ねました」

「『ウペン・バーブが助けてくれたのだ』とラトゥ・マハラージは言いました。『たのまないと食物がもらえないような日には、私は彼の店の近くに立っていたのだ。彼はすぐに察して、四アンナや二アンナの硬貨をくれた』」

「これを聞いて、スワミジーは天をあおいで言いました。『おお、主よ、ウペンに祝福を』この簡潔な祈りがどのように聞きとどけられたか、今や誰の目にも明らかです。（ウペン・バーブは非常に裕福になった）」

「月は上空にかがやき、川面に映っていました。スワミジーは言いました。『ガンガーの銀色の波をごらん。

エジプトのナイルの波とそっくりだ』さらに何分か会話をかわしたあと、スワミジーは僧院の中に入ってやすみました。ラトゥ・マハラージはもといた場所にすわったままで、まもなく瞑想に没入しました」

翌朝の四時にこの信者が舟に乗ってカルカッタに向かおうと舟つき場に来たとき、彼はラトゥ・マハラージが同じ場所に同じ姿勢で依然として瞑想しつづけているのを見いだした。

次のできごとで、ラトゥ・マハラージと兄弟弟子たちとの関係、とりわけスワミ・ヴィヴェーカーナンダとの関係をさらにかいま見ることができる。

スワミ・ヴィヴェーカーナンダはベルル僧院で規則をつくった。僧は午前四時に起きて、いそいで洗顔をすませたら、聖所にすわって瞑想しなければならない、というのである。翌朝、鐘が鳴って、全員が起こされた。ラトゥ・マハラージはのちに語った。「私はその規則が好きではなかったので、誰にも告げずに僧院を去ることにした。その朝、衣服とタオルを持って出ようとすると、スワミジーが私を呼び止めて尋ねた。『どこに行くのか?』私は言った。『カルカッタに』『なぜ?』そこで、私は彼に言った。『君は最近、西洋から戻って、新しい規則や規律をとり入れた。私にはそれをまもることは容易でない。鐘が鳴ったら心をしずめて瞑想する、というように心を制御できる段階にはいないのだ。私の心がいつ没入できるのか、誰にわかるだろうか?私はまだそのような境地に達していない。君ができるのならそれでよい』」

「すると、スワミジーは言った。『わかった、行っていい』だが、私が門に着かないうちに彼は私を呼び戻して言った。『君はこの規則をまもらなくてもよい。君の好きなようにすればいい。これらの規則は見習い僧のためのものだ』私は言った。『そう言ってくれてうれしいよ』」

またあるとき、ラトゥ・マハラージは言った。「スワミジーは、僧たちは頑健であってほしいと思ったので、全員、亜鈴で体操しなければならないという規則をつくった。当時、私は僧院にいた。私は彼のところに行って、尋ねた。『兄弟、これは何だ？ この年齢で体操をしなければならないのか？ 私にはできない』 スワミジーは笑い出して、何も言わなかった」

スワミ・シュダーナンダが語っている。「ラトゥ・マハラージは自分では聖典が読めなかったのですが、聖典の朗読を聞くのは大好きで、よくほかの人々に読んでくれと頼んでおられました。私は彼と同じ部屋に寝ていたときのことをおぼえています。真夜中に彼は起きて、言いました。『スディル、スディル、ギーターを読んでくれ』それで私はその夜、彼にギーターを読んで聞かせました」

スワミ・サラダーナンダはもう一つ別の話をしている。「ある日、一人の僧がカタ・ウパニシャッドをラトゥ・マハラージに読んで聞かせていた。このくだりに来た。『プルシャ、親指ほどの大きさもない、内なる自己、これは人の心の中につねに存在している。人をして彼を忍耐づよく肉体から分離せしめよ。草の葉からやわらかな葉柄を分けるように』（二・三・一七）ラトゥ・マハラージはこの一節を聞くと、叫んだ。『まさにそのとおり！』彼は彼自身この境地に達していたにちがいない。そうでなければあの難解なサンスクリット語の一節を理解できたはずがない」

スワミジーは、カシミールを旅行していたときに、みごとな高価なショールを買ってラトゥ・マハラージに贈った。その少しあと、ラトゥ・マハラージはそのショールを着けてスワミジーの弟子のシャラト・チャンドラ・チャクラヴァルティのもとをおとずれた。シャラト・チャンドラがショールをほめると、ラトゥ・マハラージはすぐにそれをはずして彼に贈呈した。「気に入ったか、シャラト？ よかった。このような高価な品は僧のためのものではない。スワミジーからの贈りものだから、私は一日だけ着けた。君が受け取ってくれると私は非常にうれしい」

シャラト・チャンドラは少しまごついた。「しかしマハラージ、これは私のグルからのあなたへの贈りものです。どうして私が受け取れましょう?」彼はラトゥ・マハラージにショールを返した。この話はスワミジーに届いた。のちに彼はシャラト・チャンドラに言った。「君にショールを受け取ってほしかった。知ってのとおり、ラトゥは気まぐれだ。彼は誰かにショールをやってしまっただろう。君が受け取ってくれていたら、少なくともショールがなくなることはなかった」

ある日、スワミ・ヴィヴェーカーナンダはさまざまの国々でひろくおこなわれているいろいろな種類の礼拝について話していた。突然、ラトゥ・マハラージが彼に尋ねた。「兄弟、君は遠方までひろく旅して、非常にたくさんのことを見聞きしている。どこかの国で大地に礼拝している人々を見たことがあるか?」

スワミジーは少しおどろいて尋ねた。「なぜそんなことを聞くのか?」

ラトゥ・マハラージは答えた。「こういうわけだ。私たちのまわりで目にするものは何でも大地から生まれている。私たちの富と輝きはすべて、彼女のハートから取り出されている。私たちが食べるもの、着るもののすべて、家の中にたくわえてあるものや、自分は他にまさっている、と私たちに考えさせるもののすべてが彼女から来ている。それで私は、人々が欲するもの、楽しむものを何でもそこから得ている大地を、彼らは礼拝しているのだろうかと思ったのだ」

スワミ・サラダーナンダがスワミジーの横にすわっていた。彼をふりむいて、スワミジーは言った。「われわれのプラトーがいかに賢明に話すかをごらん!」

一九〇二年、スワミ・ヴィヴェーカーナンダの生涯の最後の年のあるときに、スワミジーはラトゥ・マハラージに言った。「レト、どう思う? これはたった今、はじまったばかりなのだ。ヨーロッパやアメリカの人々が、今、私たちの師の偉大さを知りはじめているのだ。数年後には、彼らは師の思想を受け入れるだろう。今はひとにぎりだが、将来は何百人もがやってくるだろう。そうしたら、このヴィヴェーカーナンダが何をなしたか、君にわかるだろう」

ラトゥ・マハラージはスワミジーの言うことに耳をかたむけていた、そしてしずかに言った。「兄弟、君は何か新しいことをやったのか？　君はほかの偉大な師たちが旅したのと同じ道をあゆんでいるのではないか？――ブッダやシャンカラのような」

するとスワミジーは言った。「君の言うとおりだ、私のだいじなプラトー。私はただ彼らの志を継いだだけなのだ」そしてスワミジーは手をあわせ、古代の師たちに敬礼をした。

（注一）ヒンドゥー教典にプララーダの物語がある。プララーダは、主の偉大な信者であり、彼の父、ヒランヤカシプーはデモンの帝王であった。プララーダが学校でアルファベットを教わっているとき、第一文字であるカーの音を聞いて、彼は主クリシュナの名を思い起こし、恍惚境のうちに涙を流した。

第九章　晩年──カルカッタおよびヴァラナシ

一九〇三年のあるとき、バララーム・ボースの家族は、カルカッタのバグバザール地区にある彼らの家に住むようにとラトゥ・マハラージを招いた。彼らは、宿と食物を必要とする僧たちが使えるように一階に一部屋を用意しており、シュリ・ラーマクリシュナの出家弟子たちの幾人かは時折そこに滞在していた。はじめ、ラトゥ・マハラージは、時間が非常に不規則なので一家に迷惑をかけるだろうと言って辞退した。しかし一家は、彼を家に住まわせることは祝福にこそなれ迷惑になるわけがない、彼の暮らし方に合わせて都合をつけることができる、と言い張った。ついにラトゥ・マハラージは同意した。結局彼は、バララームの家につづけて九年間、住んだのである。

信者の家に住んではいたが、彼は前と同じように、きびしい生活を送りつづけていた。バララームの居宅にラトゥ・マハラージを訪ねた西洋人の弟子シスター・デーヴァマータによると、彼の住んでいた部屋には、小さな寝台と、薄い床マットと、茶を作る囲炉裏以外には何もなかったそうだ。彼は一日のほとんどを一人で過ごしていたが、朝方と夕方のちょっとの時間は、人々が彼に会いに行くことができ、彼は人々と霊的なことがらについて語りあった。

明知の人の気分を察するのはむずかしい。ラトゥ・マハラージのふるまいは、ときに他の人々にとっては奇妙なものに映るかもしれないが、彼のなすことにはおそらく深い意味がかくされているのである。ラトゥ・マハラージは、ときどき気まぐれに見えたものである。彼の気分は予告なしによく変わった。ある日、彼は、ダクシネシュワルのシュリ・ラーマクリシュナの部屋にまだ置いてあったシュリ・ラーマクリシュナの木製の簡易寝台を真鍮でおおうことを思いついた。彼がこの考えをある信者に話すと、信者はその計画に資金を提供することに同意した。数日後、その信者は計画を確認しに来たが、ラトゥ・マハラージは考えを変えていた。彼は言った。「私たちの師は金属に触れることがおできにならなかった。簡易寝台を真鍮でおおうのはよくない。だからやめよう」

ラトゥ・マハラージは、修行上の習慣では大体金銭を軽蔑していたが、ある日、彼は自分の白内障の手術代をいくらか送ってほしいという手紙を、当時アメリカにいたスワミ・アベダーナンダに書いてくれ、とある信者に頼んだ。信者はそのように書いた。すると、スワミ・アベダーナンダのアメリカ人の弟子の一人が彼にお金を送った。

またあるとき、彼は腕時計を手に入れようと決めて、スワミ・アベダーナンダに送ってくれと手紙を書いた。しばらくしてから、彼はスワミ・アベダーナンダからの小包を受け取ったが、中にはガラガラヘビのしっぽが入っていた（このしっぽを振ると、子供のおもちゃのようなガラガラという音が出る）。ラトゥ・マハラージは、スワミ・アベダーナンダへの返事で子供のように駄々をこねた。「僕は腕時計がほしかったのに、君はガラガラヘビのしっぽを送ってくれた！」

高度に進化した人の資質の一つに純真さがある。そして純真さは、まねるのが最もむずかしいものの一つである。それは自然に起こるものだからである。ラトゥ・マハラージの場合は、他の修行者たちの場合と同じように、彼が何と答えるか、彼が何と言うか、決して知ることはできなかった。しかし、その言葉はいつも、要点をついていた。あるとき、ある信者が、ベルル僧院で催されたシュリ・ラーマクリシュナの例年の誕生記念式典に出席したあとに、カルカッタのラトゥ・マハラージを訪ねて来た。彼は何人かの友人を連れていた。ラトゥ・マハラージは彼に尋ねた。「聖堂においでになる主にお供えをいくら捧げたか?」信者は捧げたものを言った。すると、ラトゥ・マハラージは、彼の友人について尋ねた。彼らは何も捧げなかったということを聞いて、彼はほほえんだ。「あなたの友人たちは、着払いで信仰を手に入れたいのだね」その信者は意味がわからなかった。スワミは、切手を貼らずに手紙が目的地に届くことを望む、すると、受取人が郵送料を払わなければならないということだと説明した。信者は言った。「マハラージ、すばらしい言いまわしを考えつかれました」

ラトゥ・マハラージはつづけた。「非常に多くの人々(その信者の報告によれば五千人)がベルル僧院でプラサードをいただいたのに、そのほとんどが何も寄進しなかった。主に何かを捧げないでプラサードをいただくのは良いことか? 僧たちはまったくお金を持っていない。信者たちが主に捧げたものは、何であれ、ふたたび信者たちのために使われるのだ。数人の僧たちを食べさせるために、そのうちのいくらが使われるというのだ? 師はよく言っていらっしゃったものだ、聖地をおとずれるときには、捧げものをしなければならない、と」

あるサンスクリット詩人は、理想の人間像をたたえて、それは雷電のように強く、花のようにやさしくあらねばならないと書いている。おもてにあらわれたラトゥ・マハラージの態度は厳格であり、ときに近づきがたくすらあったが、そんなぶっきらぼうな外面を通り過ぎることをひとたび許されると、内面では、彼が柔和やさしさそのものであることがわかった。実際、話す気分にあるときは、彼はとても自由でつきあいやすかった。子供たちでさえ彼と一緒にいたがって、彼の肩にのぼって遊んでいた。あるとき、スワミ・プレマーナンダは、親しい信者の一人に語った。「こわがることはない。あなたはラトゥ・マハラージの恩寵を受けている。あれほど情け深い僧はめったにいない。彼と同じ空気に触れるだけでも、あなたはきよめられ祝福されるだろう」

ラトゥ・マハラージは、本当に苦しんでいる人々にはとりわけやさしかった。ある晩、真夜中に酔っ払いがラトゥ・マハラージのところに来て、あとで自分自身がプラサードとしてもらえるように、スワミに食物を捧げたい、と酔っ払ったまま主張した。男はどちらかというと喧嘩腰だったが、ラトゥ・マハラージが黙って食物を受け取ると満足して立ち去った。ラトゥ・マハラージは説明した。「あのような人々はわずかな同情がほしいのだ。同情してよいではないか」

　ある日、一人の信者が服を雨でびしょぬれにしてラトゥ・マハラージを訪ねて来た。ラトゥ・マハラージは自分の着衣のどれかを着るようにすすめた。信者は、スワミの服を着ると思うとうろたえたが、それはラトゥ・マハラージを尊敬していたからであるばかりでなく、スワミの服はサンニヤーシの黄土色の服だからでもあった。しかし、ラトゥ・マハラージは、もし着るものがなくて病気にでもなったら、職場で働くことができず、もっと困ることになるだろう、と指摘して、着るように主張した。

　ラトゥ・マハラージに接することで多くの人の人生が変わったが、彼は意識的に弟子を一人も持たなかった。ラトゥ・マハラージ自身、よく言っていた。「一人の男がもう一人の耳にマントラをささやくと、彼がグルになってもう一人の者が彼の弟子になると思うか？ そして、弟子はすぐに悟るか？ そんなにたやすいことかね？ グルはたくさん忠告することはできるが、すべては神の御手にあるのだ。ちょうど弁護士が、私はできるかぎりこの事件の弁護をしました、今はすべては裁判長の御手にあります、と言うのと同じだ」

　またあるとき、彼は言った。「僧は、毎日あなたの代わりにあなたの心を掃除しつづける掃除人だと思うのか？ 彼は、一度はあなたの心をきよめるかもしれない。そのあと、よごさないようにつとめるのはあなたの仕事だ。あなたにちっともやる気がなければ、僧に何ができるか？ 修行者に、あなたの過去の痕跡をぬぐい去ることができるか？ あるいは、彼があなたを肩にのせて主のところに運んでくれると思うか？ 彼はあなたに道を示すだろう。しかし、あなたはあなた自身で歩いて行かなければならない。それが、神に到達するただ一つの方法だ」

彼は、冗談や物語を通じて教えを与えるときもあれば、叱責や沈黙を通じて教えを与えるときもあった。ある日、一人の信者が彼に言った。「マハラージ、あなたのお叱りは、銃剣の形をしたチョコレートのようです。とてもやさしく、情愛があります。親は子供によかれと思って叱りますが、あなたのお叱りはなお甘いのです。それというのも、親はそれほどの愛を私たちに与えてくれることはできませんから」

スワミ・ヴィヴェーカーナンダの求めで、スワミ・ラーマクリシュナーナンダは一八九七年、センターの設立のためマドラスに向かった。何年もの激務の果てに、彼は病にたおれ、一九一一年六月にカルカッタに戻った。ラトゥ・マハラージは毎日のように彼を訪ね、訪ねることのできない日には誰かをつかわして彼を見舞った。ラトゥ・マハラージは、この兄弟弟子のことをいつも非常にほめていた。スワミ・ラーマクリシュナーナンダは、その年の八月に亡くなった。

この後まもなく、ラトゥ・マハラージはヴァラナシに行き、余生をそこで過ごしたいと言い出した。彼がこの考えをギリシュ・ゴーシュに話すと、ギリシュは反対した。「おお、サドゥよ、君はカルカッタを去ろうとする、だが誰が君を行かせるものか」ラトゥ・マハラージはこの考えを捨てたが、ギリシュが一九一二年に亡くなったあと、ふたたび取り上げた。

一九一二年一〇月、ラトゥ・マハラージは、カルカッタのバララーム・ボースの家を去って、ヴァラナシに行き、カルカッタには二度と戻らなかった。出発の前夜、列車に乗る直前に、彼は実に長い年月を過ごした部屋を余念なく見つめた。そして、「マーヤー、マーヤー、マーヤー」と言い、主に敬礼した。

カルカッタの駅で、彼の出発にひどく沈んだ一人の信者が彼を迎えた。ラトゥ・マハラージは、彼をなぐさめた。「さあ、おまえ、私の出発を悲しむな。あちらのほうに母なるガンガーが流れている。母なるガンガーは、悲しみに沈んだよるべない魂を救って下さる。できるかぎりひんぱんにガンガーの土手にすわりなさい。修行者のそばにいればきよめられるという。母なるガンガーのそばにいるのも同じことだ。あそこで瞑想しなさい。祈り、数珠を繰りなさい。そうすれば、心と肉体がきよめられるだろう。不安におそわれたときは、いつもあそこに行って静かにすわりなさい。そうすれば心が落ち着いてゆくのがわかるだろう。ガンガーの波を見つめているうちに、あなたの心の波もしずまるだろう」

ラトゥ・マハラージは、生涯最後の八年間をヴァラナシにおいて、この神聖な町のあちこちに滞在しながら過ごした。彼らしいことだが、彼はあまりにしばしば瞑想に没入していたので、決まった時間に食事をとることはめったになかった。カルカッタの地方裁判官ビハリラル・サルカルは、ラトゥ・マハラージに心から帰依していて、ヴァラナシに彼をしげしげと訪ねていたが、彼は書いている。「彼の日常生活はあまりにも不規則なので、彼が市外に住んでいるのか、森に住んでいるのか、誰も知らなかった。今日は午後一〇時に食事をしたかと思うと、翌日は真夜中の一二時に、その翌日は午前三時に食事をする。彼の日課は非常に気まぐれであった。つきそい人は、彼が瞑想から立って食事の用意を求める時機を、常にうかがっていなければならなかった。ことによると午前一時に、まったくだしぬけに、彼は、これといった理由もなく誰をというわけでもなく叱りはじめていたものだった。他の人ならば驚いただろうが、彼と共に暮らしている人々は、彼が心を高い霊的な境地からひきおろそうと奮闘しているのだとわかっていた」

ヴァラナシでこのような霊性の修行をおこなっていたラトゥ・マハラージに会った一人の信者が、あるとき彼に言った。「マハラージ、あなたはシュリ・ラーマクリシュナにお会いになって、長いあいだ彼にお仕えになりました。カルカッタのガンガーの土手でそれはたくさんの修行を積まれました。老境に入られたいま、どうしてこれほどの厳しい修行を重ねなければならないでしょうか?」

ラトゥ・マハラージは答えた。「彼に会い、お仕えしただけでは至高に到達するのに十分ではない。それほど容易ではない。霊性の修行は不可欠だ。彼の恩寵によって人は真理に到達するだろうが、霊性の修行をおこなわなければ恩寵を受け取ることはできないのだ。たとえ小さな恩寵のためであっても懸命に努力しなければならない。主の恩寵をいただきつづけることはたやすいことだろうか？　それには多大の努力と強さとが必要なのだ。恩寵とは、信者がひとたびつかまえたらその後ずっと満足していられる、というようなちょっとしたことだと思うか？　恩寵は、無限なのだ。どれほど多くの方法によって彼が恩寵を与えて下さるか、それは誰にもわかるまい」

第一〇章　彼の逝去

生涯の終わりに近づくにつれ、ラトゥ・マハラージは次第に世間から身を引きつつあるように見えた。彼はだんだん少しの人としか話したがらなくなったように見え、話すときはおおむね高次のことがらについての話をした。かつてはきわめて壮健であった彼の肉体は、年齢によって、そして多年にわたる厳しい霊的鍛錬と物質世界への無関心な態度とによって、次第に弱くなっていった。最後の数年間、彼は一見、大したことはないと思われる病気をわずらっていた。その後、生涯の最後の年のあるとき、脚に疱疹ができた。それをちゃんと治療しなかったので、ついには壊疽（えそ）が生じた。一人の信者がカルカッタから医師を連れて来て、医師が傷を手術したので、一時的に感染はおさえられた。その信者は術後の数週間、スワミのもとにとどまって、看病した。ある日、信者の中に一抹の自尊心のあることに気づいて、ラトゥ・マハラージは彼に言った。「君は私に仕えていてくれるが、それを人に自慢してはならない。人は、神、グル、そして病人に対して、大きな愛と謙遜とをもって仕えねばならないということをおぼえておきなさい」

このころ、ヴァラナシにあるラーマクリシュナ・ミッションの奉仕の家にいたスワミ・トゥリヤーナンダがしばしば彼を訪ね、一時間かそこら黙って彼のそばにすわっていた。ある日、一人の信者がスワミに尋ねた。「マハラージ、なぜそのように黙ってすわっていらっしゃるのですか？　ラトゥ・マハラージはあなたにお話をなさいません」

スワミは答えた。「ラトゥ・マハラージはほとんど常に深い瞑想に入っておられる。どうして私と話せるか？

だから私はしばらくのあいだ黙ってすわり、彼と共にいる神聖なひとときを楽しんで、そして去るのだ」

スワミ・サラダーナンダもまた、カルカッタから彼を訪ねて来た。彼はラトゥ・マハラージの足のちりを取ってから尋ねた。「やあ、サドゥ、調子はどうかね?」

ラトゥ・マハラージは答えた。「肉体があるというのはわずらわしいことだ」

あとで、もう一人の僧がスワミ・サラダーナンダに尋ねた。「マハラージ、なぜラトゥ・マハラージに敬礼をなさったのですか?」

スワミ・サラダーナンダは答えた。「ラトゥ・マハラージは私たちの誰よりも早く師のもとに来た。彼は出家弟子の中で一番の先輩なのだ。敬礼をして当然ではないか?」

ラトゥ・マハラージは次第に人間関係の束縛を断ち切って行った。信者たちは彼がこう言っているのを何度も耳にした。「私はこれこれの人のマーヤーと手を切った」彼らは彼が何を言おうとしているのかわからなかった。尋ねられて彼は答えた。「私は信者たちの重荷をいつもになわなければならないのだろうか? 世間から心をしりぞかせるときには、私は彼らのことを考えない」このように、彼は正式には弟子を受け入れなかったが、他者のよろこびやかなしみを奥深くでわかちあっていたのであった。

ある日、ラトゥ・マハラージは言った。「神と結ぶことのできる関係は三つある。『私の神』、『私は神である』、そして『私は神のものである』だ。最後のものが最も良い。なぜなら、自尊心をさそわないからだ」

別の日には、彼は主ラーマの偉大な弟子マハーヴィル(ハヌマーン)のことを語った。「マハーヴィルの信仰をためすために、あるときラーマは彼に尋ねた。『おまえは私のことをどう思うか?』マハーヴィルは答えた。『主よ、私が自分自身を肉体とみなすときには、私はあなたさまの召し使いです。私が自分自身を個人であると考えると、私はあなたさまの一部です。そして私が自分自身を「霊」であると見るとき、私はあなたさまとひとつです。──これが私の確固たる信念です』」

ついに、疱疹にふたたび壊疽が生じた。医師たちは数日にわたって何度も手術したが、今回は不成功に終わり、病は手のほどこしようがなくなった。一九二〇年五月一二日付のジョゼフィン・マクラウド嬢に宛てた手紙で、スワミ・トゥリヤーナンダはラトゥ・マハラージの死没を知らせた。

「大変残念なことですが、スワミ・アドブターナンダ──ラトゥ・マハラージ──が亡くなったことをお知らせします。臨終は四月二四日でした。彼の死はまことにみごとなものでした。彼は病にたおれた当初から瞑想の境地に入り、肉体を放棄するまでその境地に没入したままでした。右の足首に小さな疱疹ができていたのですが、これが壊疽になりました。地域の最高の医療のあらゆる手が尽くされましたが、むだなことでした。一〇日後、彼は息をひきとりました。病のあいだ、痛む様子は見せませんでした。しかし、みごとな中でもみごとだったことは、死後、いくつかの葬儀の儀式に合わせて彼の肉体がすわった姿勢に置かれると、彼がそれは美しく、それは穏やかで、平安と祝福に満ちていると見えたことでした。彼の顔は光と、えもいわれぬ知性とで輝いており、あたかも情け深い祝福のはげましで友に最後のいとまを告げているかのようでした。実に神々しい姿でした」

「私たちは三時間にわたって主の御名を唱えてから、花輪とビャクダンの塗香で飾られた彼の肉体を、行列してガンガーのほとりに運びました」

「ラトゥ・マハラージは、永遠の平安に入り、シュリ・ラーマクリシュナのもう一人の息子が彼に合流しましたが、私たちはこのつぐなうすべのない喪失でますますさびしくなりました。実に、私たちはラトゥ・マハラージという霊性の巨人を失ったのです。彼の無学と素朴な生活は、彼がそうであったところのもの、すなわち真の熱烈なシュリ・ラーマクリシュナの帰依者になる上で、最も彼の助けになりました」

ラトゥ・マハラージに心から帰依していたビハリラル・サルカルは言った。「偉大な霊的人格と接することで、人はかならず何かを得ます。そして、ラトゥ・マハラージと接する幸運にめぐまれた人は誰でも、はっきりとしたものを受け取りました。彼と共にいると、高められました。何千もの僧の中からも、その生涯をあれほど完全に神に捧げた人、放棄と純潔のあれほどの模範となる人を選ぶことはむずかしいことです。シュリ・ラーマクリシュナの神のおあそびの中で、ラトゥ・マハラージは、偉大な叙事詩『ラーマーヤナ』の中でマハーヴィルが演じたのと同じ重要な役割をつとめたのです」

「ラトゥ・マハラージは、生まれつきの放棄の人であり、禁欲の人でした。彼は、在家の信者と自由につき合いましたが、この世の誰に対しても個人的な執着を持ちませんでした。白鳥は水に浮かぶが水がその羽根を濡らすことはないのと同じように、ラトゥ・マハラージはこの世に生きましたが、世俗性が彼をけがすことは決してありませんでした。彼の愛、慈悲、そして全員に対する平等さは、彼の性格の主な特徴でした」

マヘンドラナート・ダッタは、ラトゥ・マハラージについての彼の著書の中で、こう記している。「ラトゥは、修行によって豊かな霊性の力を得た。『真理』についての彼のわかりやすい説明でさまざまの形でみずからを表わして、人々を魅了していたのはこの力であった。私たちは、彼が愛の真の化身へと次第に変容していくのを見た。彼は、彼の扉を全員にたいしてひらいていた。よこしまさで知られている人でさえも、彼の愛と同情を受けていた。外面的には、彼は同じ昔からのラトゥのままだったが、内面的には、彼は愛と祝福に満ちた偉大な聖者となったのである」

スワミ・ブラマーナンダは、あるときラトゥ・マハラージについて言った。「修行生活をおこなうときに、あれほど禁欲的で、あれほど厳格な彼のような僧を何人見つけることができるだろうか? 確かに、彼は粗野な外観を保っている——それは周りに群衆が集まって来ないようにするためだ——しかし、内面は、彼は愛とやさしさそのものだ。彼とほんの数日つき合ってみたまえ、すると、彼にはまったく自己中心的なところがないことがわかるだろう。前世で余程、功徳を積んでいなければ、あれほどの修行者と近づきになれるものではない」

「あなたの修行者とのつきあい、あなたの聞く霊的な話、そのすべてがあなたの心に影響を及ぼす。時がたつうちに、これらの効果と、それが人生に引き起こすきわめて重大な変化とに気づくだろう。礼拝のときに捧げられたかぐわしい花の中に隠れているマルハナバチは、主の御足に触れる。同じように、修行者の恩寵、そして彼との関わりによって、人は神々をも超えて、解脱を得るのだ」

スワミ・アドブターナンダの教え

一信者への助言

ビハリラル・サルカル「マハラージ、在家の者の心にはなぜこれほど多くの浮き沈みがあるのですか？」

ラトゥ・マハラージ「それは在家の人々の心が世俗の対象に深く巻きこまれているからだ。彼らの心は霊性の修行の結果、高まることもあるが、ふたたび落ちて戻ってしまう。師はよくおっしゃった、『レンガにつけたロープのはしをマングースの尾に結びつけると、ロープの丈が許すだけはマングースは壁を登ることができるが、それ以上には、レンガの重みで登れない。同じように、在家の人々の心は神に向かって動くこともあるが、世俗の対象の重みが心を引き戻してしまう』と。心を常に神にとどめておくことは、大変なタパシャーだ。このような心は、高低のあいだを揺れ動くことはない。毛羽立った糸は針のめどを通ることはできないし、同じように、欲望を持つ心は神に没入することはできない」

「心が完全に神に集中するようになると、人はアートマンの祝福を享受する。だが、それは在家の人の生活では非常に難しい。病、悲しみ、楽しみ、欲望――これらのものすべてがたえず在家の人々にはつきまとう。それから肉体の無気力と心の不安定も。それればかりでなく、もしその人が神の実在を疑えば、解脱を得る望みはない。しばしばみとめられることだが、世俗の人々は、家族のこと、子供のこと、その他の現世的なことに忙しい。しかし、彼らには神のことを思う性向はない。このように散漫な心は、霊的生活で進歩することはできない」

ビハリ・バーブ「それなら、私たちは家族との生活を捨てて神だけを求めなければならないのですか？」

ラトゥ・マハラージ「なぜ家族を捨てなければならないのだ？　家族は神のものではないか？　だから、家族の真の長であられるお方によびかけなさい。人はこの世のつとめを果たさねばならない。どうしてつとめから逃れることができようか？　どこへ行こうと世間はついてくる。世界は私たちの外に存在しているのか？　ちがう、すべては私たち自身の心の中にあるのだ。もし君の心が楽しみを求めているなら、たとえ森の中にいても君は楽しみを捜し求めるだろう。感覚の対象に対するそのような欲望を持っていなければ、そういうものに取り囲まれていても、それらをほしがりはしないだろう。家庭で暮らしていても、森で暮らしていても、神は、求めなければならない。さもなければすべてはむなしい」

「ブラザー・トゥリヤーナンダは言っていた、『愚か者だけが、波がおさまってから海で沐浴しようと考える』と。この男がいつか沐浴できると思うか? 海の波は決して止まらない。彼は、一生待っても沐浴することはできないだろう。それだからね、どこにいても、心の状態がどうあっても、神の御名に深く没頭しなさい。それのできる人が、至高者に到達するのだ。他方、神をよぶ前にすべての問題をかたづけようとする者は決して目標に到達しないだろう。なぜなら、肉体があるかぎり、病、悲しみ、おそれ、痛み、苦しみは経験しなければならないのだから。『肉体があるというのはわずらわしいことだ』。これらの問題全部から逃れようと望む者は誰でも神にすがらなければならないだろう。神はサチダーナンダである——、絶対の実在であり、知識であり、至福である。『彼』の至福はすべての苦痛をとりのぞく」

信者「マハラージ、ブラフマンの至福について、どうぞ私たちにお話し下さい」

ラトゥ・マハラージ「ああ、いいかね、その至福は、この世に見いだし得るいかなる喜びともくらべることはできない。それを言いあらわすことはできないのだ。世俗の幸福は、マーヤーが生み出すものだ。マーヤーは三つの状態の中ではたらく。めざめている状態、夢を見ている状態、夢のない眠りの状態の三つだ。しかし、これら三つを超越したところに、もう一つの世界がある。それがトゥリヤであり、ここに到達するのはきわめて難しい。その世界の至福は、マーヤーに縛られてはいない。マーヤーの中での喜びがどんなに甘美なものであるかは、知っているだろう。普通の人々は、それに心を奪われている。彼らは、そのマーヤーがこんなにも甘美なものである神、その神自身がどれほど、はかりしれぬほどもっと甘美であるか、一瞬たりとも考えたことがないのだ！」

信者「マハラージ、なぜ、マーヤーのいわゆる喜びが甘美なものである、とおっしゃるのですか？　それは焼きこがす炎以外の何ものでもありません」

ラトゥ・マハラージ「だがごらん、ほとんどの人は焼けるような感じが好きなのだ」また別のおりにラトゥ・マハラージは言った、「この世で至福の他に価値のあるものはない。なぜ人々が金、財産、妻、子をほしがるのかわかるか？　彼らはそれらから肉体と心の幸福を得られると思っているからなのだ。だから、彼らはそれらのために昼も夜も喜んで働く。彼らがそのエネルギーを神にふりむけたら、この世のつかのまの幸福のかわりにサチダーナンダの永遠の真の幸福を得ることができるのに」と。

おまかせについて

ラトゥ・マハラージ「君は神への『おまかせ』ということを実に表面的な意味で話している。一両日、神によびかけても何も答えがなければ、君は気分に応じて自分の道を歩むのだ、まるで彼よりも自分のほうが状況をよく理解しているかのように。自分を神におまかせする、ということは、彼の命令によって動く、ということだ。彼の命令なしには何もしてはならないということだ。それが君に大きな損失をもたらすことであっても、そこから迷い出てはならないのだ。その境地に達して初めて、本当に君自身を神におまかせした、と言うことができる。ブラザー・ヴィヴェーカーナンダはよく言っていた、『ラーマを得られなければシャーマーと生きようというのか？　もし必要ならば、この生涯はシュリ・ラーマクリシュナのために棒にふろう』と。彼がどれほど自分自身を師にささげきっていたことか、見よ！　彼には、『師』のためになら何どきでも、最も小さなことのためにも生命をささげる用意ができていた。これが、『師』にすがるやりかただ。そのとき初めて、彼は君を正しい方向にみちびくことがおできになるのだ」

信者「マハラージ、なぜ私たちは神へのそのような信頼を持っていないのでしょうか？」

ラトゥ・マハラージ「それは君たちが自分の知性とエゴを神よりも重要視しているからだ。君たちには彼の命令を待つ用意ができていないし、さらに、すぐ忍耐を失ってしまう」

他者への思いやり

「貧しい者だけが貧しい者を愛することができる。豊かな者には貧しい者の苦しみがわからない。なぜなら、同じ苦しみを味わわなければ他者の苦しみを理解することはできないからだ。ブラザー・ヴィヴェーカーナンダがトゥリヤーナンダに言った、『兄弟、私はこの出家生活を送ることによって何を得たのか、はっきりとはわからない。だが一つだけ確かなことがある。これ（スワミ・ヴィヴェーカーナンダは自分の心臓を指さした）がものすごく広くなったのだ』と」

「豊かな者の心に慈善の仕事をしたいという望みが起こったら、それは彼の心に貧しい人々への思いやりが芽ばえたということだ。神は、人を富裕になさることによって彼をお試しになる。そしてそれは合格の難しい試験だ。人が考え出す試験に合格するのはたやすいが、神の試験は非常に難しい。神は一人の人間に多くの富を与えなさるかも知れないが、同じようにマーヤーによってあざむくこともなさるので、彼は一生、慈善的であろうとは望まないだろう。また、神は別の人間には広い心をお与えになるかも知れないが、あまり金をお与えにならない。豊かでありながら貧しい者への思いやりを持つ者たちは、実にめぐまれているのだ」

「金は虚栄をもたらす。人は自己中心的になるほど、ますます神から遠ざかり、つまりはますます貧しくなる。持ちもので人の貧しさをはかってはならない。本当のものさしは、人がどれだけ神から遠ざかっているかということだ。主に近づけば近づくほど、人は豊かになる。主を忘れれば忘れるほど、人は貧しく、またみじめになる」

色欲について

信者「どうすれば色欲に打ち克つことができるのでしょうか?」

ラトゥ・マハラージ「シュリ・ラーマクリシュナのお写真を持っておいでなさい。色欲の感じが起こってきたらいつでも、そのお写真を一心に見つめるとよい。次第に感覚が一つにまとまって、心が色欲から解き放たれるのがわかるだろう」

女性に対するふるまい

あるとき、ラトゥ・マハラージは男性信者の一団に語った。「女性を虐待する男性がいるが、彼女らに対して決して手を上げるべきではない。彼女らがどれほど耐えしのんでいるか君たちは知らない――彼女らは忍耐そのものなのだ。女性を虐待したら、彼女らはそれをどこに転じればよいだろうか? 彼女らは母なる神のあらわれなのだ。『母』がさげすまれれば、主はお怒りになる。だから、君たちの安寧は彼女らを幸福にすることにあるのだ。シーターの涙がラーヴァナの民を滅ぼしたように、女性の涙は君たちを滅ぼすだろう」

落ち着きのなさについて

ラトゥ・マハラージはあるとき、落ち着きのない信者に向かって言った。「なぜ君は、瞑想にすわっているときに、つまらないことばかり考えるのだ? 心を制御することができないのかね? たとえそれができなくて、自分がいやになったとしても、座からは離れないでくれ。なぜなら、そのような嫌悪の心持ちで瞑想から立てば、一日じゅう不快な気分でいることになるだろう。そして、誰かをぶちたくなり、もう一人を叱りつけたくなり、三人目をどなりつけたくなるだろう。師は私たちにおっしゃった、『瞑想のあと急に座から立つな』と。アーサナー(瞑想の座)にまだすわっているあいだに祈祷歌を一〇分か一五分歌いなさい。そうすれば、一日じゅう心中に穏やかさを感じていられるだろう」

欲望と感覚対象

ラトゥ・マハラージ「世俗の欲望が心の中に永久に住みついてしまっている。欲望は心の表面に浮かびあがってくるときもあり、またあまりに深く隠されているので欲望など存在すらしないように見えるときもある。だが、神に近づくにつれて、心の中に隠された多くの欲望の結ばれがますますよく見えるようになる。肉体と心がきよめられるにつれて、何千回もの生を経るあいだに蓄積された多くの汚れやかすがますますつよくかきまわされて、霊性にいどむようになるのだ。霊的鍛錬によって生まれたエネルギーによって不純なものはそのとりである心から去ることを余儀なくされる。不純なものがどうして主の御名の力に対抗することができようか？」

「そう、欲望は非常にずるがしこい。欲望は人の心ばかりでなく感覚器官をも占領する。心の中に欲望が起こるやいなや、感覚器官がめざめる。目は見たがり、耳は聞きたがり、舌は味わいしゃべりたがり、鼻はかぎたがり、体は触れたがる。手は働きたがり、そして足は対象のある場所に人を運ぶ。他の感覚器官は油断なく見張っていて、それらもまた、機会が到来し次第、楽しむ」

「心が何をするかわかるか？ 心は想像力をもちいて魅惑的な絵を作り出す。想像力は人の最大の敵であり、最大の誘惑者である。なぜなら、想像力は感覚を喜ばせる美しい絵を作り、人の良心をほとんど破壊するからだ。このようにして人は感覚対象にひきつけられる。だから、世俗のものごとへの欲望を統御したければ、想像力を統御しなさい。そして感覚の楽しみにあざむかれてはならない」

信者「ですが、どうしたら想像力を統御することができるのですか？」

ラトゥ・マハラージ「想像力を統御するには、対象から心をしりぞかせるとよい。もっともこれでは心は静止しないだろうが。シュリ・ラーマクリシュナは言われた、『知覚の過程には三つのものが必要だ。知覚の対象と、感覚器官と、心である』と。この三つの一つが欠ければ、対象を知覚することはできなくなる。だから、これらのうちの一つを消すことができれば、心は認識することができなくなる。知覚の対象を消すのは難しい。それらは行ったと思うとやって来る。私たちは常にこれらのものに出会わざるをえない。感覚対象を避けながらどうして生きられようか？　感覚対象を避け得ている間は、君たちの自己統御は完全であろうが、ふたたびそれらに近づくやいなや、君たちはその魅力にあざむかれるだろう。だからそのかわりに、対象から感覚器官か心かのどちらかをしりぞかせるように努めなさい。そうすれば、自動的に対象は知覚されなくなる」

「心の性質は、主の御名を唱えることによって変えることができる。次第に欲望と疑いは消え、心は心のもとになったものの中に溶け去る。すると、考えたり想像したりするものごとは存在しなくなる。心の中の欲望の波は、心が活動していることを示す。波がなくなって初めて、心はきよらかになる。きよらかな心には神の御力が不意におとずれて、そのとき初めて人は真の自己をみとめるのだ」

失意をのりこえることについて

信者「マハラージ、私たちのような世俗の人間に解脱の望みはあるのでしょうか？　私たちがこのマーヤーの渦から逃れられますように、どうぞ祝福して下さいませ」

ラトゥ・マハラージ「なぜそう意気消沈しなければならないのかね？　君は、自分が人生について何もかも理解していると思うのかね？　神の世界では無駄に終わる人生などはないのだ、ということを知りなさい。あるとき、ブラザー・シャシが、君に似たある人に実にふさわしい教えを与えた。ある人が散歩に出て、水路に行きあたった。彼は走って飛びこえようとして何歩かうしろに退いた。彼が走って運河を飛び越えたとき、あともどりした分を取り戻しただけでなく、水路自体をも飛び越えていた。さあ、彼があともどりしたのは役に立ったか支障になったか、君にわかるか？ 人は今生ではあともどりせねばならぬこともあるかも知れない、しかし次の生では確実に前進するだろう」

「無駄な人生などない。一つだけおぼえておきなさい。神中心の生を生きよ。そうすれば、主は思し召しのままに君をみちびいて下さる。彼は私たちの過去も、現在も、未来もご存じなのだ。いちばん賢いやりかたは、完全に彼におまかせすることだ。君が主の御手にすがるかすがらないかは問題ではない。彼はいつも君の手をしっかりと握っておられるのだ。そのことには疑いもない。彼は決して君を見捨てたりはなさらない。彼は慈悲そのものであられるのだ」

良心の呵責と神のゆるし

ある信者が間違いをおかし、非常に気にやんでいた。ラトゥ・マハラージはこれを聞いて、自分に会いに来るように彼をよんだ。彼はその信者に言った。「これ、わが息子よ、一つ二つの間違いをおかしたからというだけで、霊性の修行をやめたり、過失をくよくよと思いわずらって絶望したりしてはいけないよ。あやまちをおかすのが人間なのだ。神によびかけなさい。『彼』は君に、弱さをのりこえ、迷いを破壊する強さを与えて下さるだろう。『彼』は情けぶかいお方だ。君の罪がどんなに大きかろうと、『彼』の慈悲の流れが君を避けるようなことはない。君の罪など小さい、小さい。それなのにこんなに意気消沈して！ アジャミラ（注一）とヴァールミキ（注二）のことを考えてもごらん。彼らの罪にくらべれば、君の罪は何でもない。ブラザー・ヴィヴェーカーナンダがよく言っていたことを知っているかい？ 『体についたインクの小さなしみを思いわずらうな。それは何でもないのだ。神の無限の慈悲の海で浴すれば、千のインクじみが洗い流されるだろう』と。だから言うのだ、なげくなと。休みなく祈りなさい。君の悪い性質はじきになくなるだろう」

しかし、まだ信者は自分のおこないを深く恥じていたので、顔を上げることができなかった。これを見てラトゥ・マハラージは言った。「彼が罪をおかす前には、人としての良心のおかげで、彼には恥を知る心が十分にあったのだが、彼はそれを無視してしまった。しかし、神のおきてによって、罪をおかした後に、恥を知る心が彼をさらに圧倒し、人前で彼は顔を上げることができないでいるのだ」

この言葉を聞いても、信者は罪の意識から脱け出すことができなかった。ラトゥ・マハラージは続けた。「何を恥じているのだ、わが息子よ？　主は君がしたことをすべて見ておいでだ。彼には何も隠すことはできないのだ。彼はこのすべてをご存じなのだから、もうそんなにふさぎこむことはないではないか？　そのかわりに、もっと懸命に霊的修行をおこない、修行者とまじわり、時にはここに来なさい」

この言葉が助けになって、この信者は心の強さをとりもどした。ラトゥ・マハラージとのこの会話ののち、彼はもっときびしく霊的修行をおこないはじめた。

出家生活について

ラトゥ・マハラージ（ある僧に向かって）「出家生活の目標を忘れるな。ゲルアーの衣（僧の黄土色の衣）を見せかけのためにまとってはならない。ゲルアーの衣は、君に名声をもたらすかも知れないが、神を悟ることは助けない。孤独に身をおき、心をこめて修行をおこないなさい。そうしてこそ初めてすみやかに進歩するのだ。ゴシップと政治を避けなさい。

「僧であることはそんなにやさしいことかね。真の僧は、神にあこがれ、神のために泣く。自分自身のことは考えず、肉体の不快感に心を乱されない。真の僧は、他者の欠点を見ず、誰に対しても執着も嫌悪も抱かない。彼はすべての者に友のごとく接しなければならない。真の僧は、他者の苦しみをやわらげるように努めるべきであり、手だてがなければ霊感に満ちた言葉で彼らを励まし、彼らが人生の困難に立ち向かえるようにしてやるべきである。彼は、将来のためにたくわえず、神以外に何ものも求めない。真の僧は、おそれを知らず、率直である。彼のふるまいは、子供のように純真である。彼はどこに行こうと神のよび声を聞くのだ」

無情と慈悲

信者「マハラージ、この世のどこに慈悲がありますか？　この世には連綿とつづく無情しかないように思えます。カラスがスズメを襲い、トンビがカラスを襲い、人間がトンビを狩り、トラやクマが人間を襲います」

ラトゥ・マハラージ「もし君が自分のまわりに無情を見るなら、君は神の中に無情を見いだすだろう。もし君が、至るところに慈悲を見いだすなら、君は彼の無限の慈悲をまのあたりにするだろう。すべては君自身の心によるのだ。純粋な心にとってはすべてのものが純粋である、ということをいつも思い起こしなさい」

奇跡について

青年「マハラージ、これ以上貧しさに苦しまずにすむように何か手だてを教えて下さい」

ラトゥ・マハラージ「私が教えることは君の気に入るまい。君はひとにぎりのちりから黄金を作り出すのに使う手品のようなものをほしがっているが、私はそんな手品は知らない。私は僧だ。ここにいて主の御名を唱えている。君に神や霊的生活のことを話してあげることはできるが、君は満足すまい。君は奇跡の力がほしいのだ。力を手に入れるのはそれほどたやすいことかね？　精一杯努力をする用意はあるのか？　主の御名を一日一〇万回唱えることができるなら、ここに来てすわりなさい」

この言葉を聞いて、青年はあわてて立ち去った。

模範としてのシュリ・ラーマクリシュナ

「シュリ・ラーマクリシュナは、皆にとっての理想を体現しておられる。彼は、理想的な在家者であり、理想的な僧であり、理想的なグルであり、理想的な弟子であられた。さらに、彼の生涯は、すべての信仰、すべての宗派にとっての模範となるものである。彼はタントラ派の重要なサーダナーをすべて実践しそれに熟達なさっていたから、シャクティ崇拝者にとっての理想である。彼のハリへの帰依はたぐいまれなものであったから、彼はヴィシュヌ信者にとっての理想である。彼は主シヴァのヴィジョンも得ておられたから、シヴァ信者にとっても理想である。彼はラーマとシーターをご覧になったから、ラーマチャンドラの信者にとっての理想である。同様に、彼は三日間でヴェーダーンタ派のサーダナーの頂点であるニルヴィカルパ・サマーディを経験なさったから、ヴェーダーンタ派にとっての理想である。そしてまた彼は、キリストと預言者ムハンマド（マホメット）のヴィジョンを得ておられたから、キリスト教徒とイスラム教徒にとっての理想でもある」

苦しみについての
シュリ・ラーマクリシュナの教え

信者「マハラージ、シュリ・ラーマクリシュナのようなブラフマンの悟達者にそしてほとんどいつもサマーディに浸っておられたお方が、なぜあのような大病にかかられなければならなかったのですか？」

ラトゥ・マハラージ「そんなこと、私に何がわかる？マスター・マハーシャイ（『M』）は『彼があれほどひどく苦しまれたのは、けがれた人々が触れたからだ』と言った。ギリシュ・バーブは『あれは彼の神遊びだ――人類の苦しみを救うための方法の一つなのだ』とよく言っていた。ラーム・バーブは『師があんな大病にかかられなかったら、誰が彼を認めることができたか？健康ならば、人はたやすく神に心をとどめていることができる。だが、彼は間違いなく、病にあるときでさえも絶えずニルヴィカルパ・サマーディにとどまることのできるアヴァターラであられるのだ』と言った」

「当時ブラザー・ロレンは『彼は私たちに仕えてもらいたいから病気にかかられたのだ。心配するな。彼がこの病にかかられなかったら、私たちは彼にお仕えするというこんな貴重な機会をもてただろうか？この機会を逃してはならない。彼が私たちを置き去りになさる気になられないような仕えかたをしようではないか』と言った」

「ブラザー・ラカールは『師は私たちに教えて下さっているのだ』と言った。ブラザー・シャラトは『私たちがそれを理解していようがいまいが、偉大な使命が師のご病気によって始まろうとしている』と言った。ブラザー・シャシは『心優しいイエスは人類のためにあえて磔刑の責め苦を受けられた。私たちの師もまた、人の罪の重荷を取り除くために並々ならぬ苦しみを受けておられるのだ』と言った」

「バララーム・バーブは、あるとき師に『師よ、あなたのご病気について人々が難癖をつけるのを聞くのにはうんざりします。彼らは「君の師が病気にかかっているなんて！」と言うのです』と言った。師は『なあ、耐え忍ぶものが生き残り、偉大になるのだよ』と答えられた。彼の病について多くの人がいろいろな意見を持っていた。私はいちいち覚えていない」

「師はよく言っておられた、『肉体と病とに互いの面倒を見させておけ。おお、心よ、幸福であれ』と。彼は苦痛を感じておられなかった。至福のうちにただよっておられるのが私にはわかった。彼が本当に苦しんでおられたら、あれほどの喜びを私たちに与えて下されただろうか？ 彼は私たちにおっしゃった。『ブラフマンはけがれのないものだ。ブラフマンには三つのグナ（サットヴァ、ラジャス、タマス）があるが、ブラフマンはそれらとは離れておられる。ちょうど、空気が匂いを持っていても匂いとは別のもので、匂いに染まらないでいるのと同じだ。ブラフマンは、実在―知識―至福の絶対者だ。ブラフマンには、悲しみも痛みもなく、病も死もなく、老衰も成長もない。私にはこの（シュリ・ラーマクリシュナはご自分をお指しになった）中にすべてのものを見る。ブラフマンと、心の中におられる一者とは同じものなのだ』と。病にあるにもかかわらず、これほどの霊性の高みを保つことのおできになる方のどこに苦しみがあろう？ 君たちは自分と肉体とを同一視しているから、肉体が苦しむとおびえるのだ」

ブラフマンの真理について

ビハリラル・サルカル「マハラージ、聖典には、ブラフマンは人間の心の中に住んでおられる、とあります。これはどういう意味ですか？」

ラトゥ・マハラージ「それは言葉のあやにすぎない。言葉ではブラフマンの真理は包みきれない。しかし聖典はそのような方法でブラフマンを描き出そうとしたのだ。ブラフマンは一切所にあられる。彼には、内も外もなく、高いも低いもなく、東も西もない。彼はすべてのものに内在している一者だ。彼は一切所に遍満し、無限で、永遠だ。ブラフマンを描き出す試みは多々あったが、思考を超越しているものを言葉では表わしきれない。彼はすべての中にあり、同時にすべてを超越しておられる。シュリ・ラーマクリシュナはよく言っておられた。『あらゆるものは人の唇によってけがされるが、ブラフマンの真理だけは別だ』と」

ビハリ・バーブ「マハラージ、あなたがた僧は、なぞめいておられる！　はっきりとした言いかたをなさらないで、あいまいな言葉でお話しになるばかりだ！」

別の信者「マハラージ、その真理についてあなたが理解なさっていることをお教え下さい」

ラトゥ・マハラージ「なあ、この悟りは言い表わすことができないのだよ。人は言語を用いて考えを表わすが、これまでのところブラフマンについて語るのにふさわしい言語は見いだされていないのだ。師はよく言っておられた。『なあ、おまえたち、私はおまえたちに多くのことを話したいのだが、母なる神がいわば私の唇を押さえつけておられて、話させて下さらないのだ』と」

「君たちは毎日何千もの言葉を話す。その言葉がどこから来るか、考えたことがあるか？」

信者「それはきっと心から来るのでしょう」

ラトゥ・マハラージ「ならば、心のどの部分から、どのような形をとって来るのかわかるかね？　そして、心それ自体はどこにあるのだね？」

信者は答えられなかった。

ビハリ・バーブが思いきって言った。「脳と舌とのあいだには神経の連絡があります。ですから、心はきっと脳にあるのでしょう」

ラトゥ・マハラージ「どんな形をして?」

ビハリ・バーブ「振動としてです」

ラトゥ・マハラージ「ならば、その振動は絶え間のないものか、それとも止まったり動いたりするものか、言ってみよ」

ビハリ・バーブは驚いて言った。「マハラージ、そのようなことは考えたことがありません」

ラトゥ・マハラージ「ならば、よく考えてみてくれ」

ビハリ・バーブ「おそらく、それは止まって、それから再び動きだすのでしょう。脳の神経に刺激を与えて応答を生じさせるのです」

ラトゥ・マハラージ「振動が止まったら、何がそれを再び動かすのか? 特に、外部からの刺激が何もない場合には?」

ビハリ・バーブ「わかりません、マハラージ、本当にわかりません」

ラトゥ・マハラージ「なあわかっただろう、このような事柄は、ある点までは言い表わせるが、そこから先は言い表わせないのだ」

そのしばらくのちに、ビハリ・バーブももう一人の信者もラトゥ・マハラージに敬礼してから下がった。馬車のほうに向かいながら、ビハリ・バーブは言った。「私は今まであのような言葉を聞いたことがない。無学の僧が、あれほど微妙な事柄さえをも考えぬいておられる。驚くべきことだ! 私たちは学のあることを誇っているが、実際には、彼は私たちよりももっと学んでいらっしゃるのだ」

マーヤーと自由

ビハリラル・サルカル「マハラージ、聖典には、神は人の内なる指導者である、とあります。もしそれが真実ならば、なぜ人はこれほど苦しむのですか? 常に純粋であるサチダーナンダに導かれている人間が、どのようにして悪い行いに巻きこまれ得るのですか?」

ラトゥ・マハラージ「君は自分の問いに答えている。人の本質は、常に純粋であり、善にも悪にも染まることはない」

ビハリ・バーブ「それでは、人には二つの性質があって、一方は善悪によって影響されるが他方は影響されない、ということですか。それとも、善も悪も実際には存在しないとおっしゃるのですか?」

ラトゥ・マハラージ「説明しよう。シュリ・ラーマクリシュナは『善悪は実在し、また、非実在のものでもある』とおっしゃった。神がある人の中にエゴの感覚をとどめておられる限り、人は善悪という二元性を知覚するだろう。神がエゴの感覚を取りのけられると、善悪という二元性の知覚は消える。人がカルマの法則に従っている限り、彼は善悪に気づいている。神の恩寵により人がカルマの束縛から解き放たれると、その人の善悪への気づきもまた、なくなる。なぜなら善悪はカルマの結果だからだ。まいた種は自分で刈り取るのだ。このカルマの法則を世界と人類とのためにお決めになったのは、主だ。神の摂理は、人に自由意志の感覚とカルマの法則とを下さった。望むままに行為することについては人に任せられている。人が、幸福を減らして苦痛を増やすような行為を行うことを選ぶのなら、彼だけの責任であって、神の責任ではない」

ビハリ・バーブ「しかしマハラージ、聖典によれば、神が人を導いておられるのです。ですから、責任は神にあって私たちにはありません」

ラトゥ・マハラージ「そうだ、聖典は正しい。それは操作者の責任であって道具の責任ではない。だが、マーヤーに縛られた個々の魂は誰が導いているのかな?マーヤー自身が操作者として活動しているのだ。マーヤーの遊びの性質を知っているかい?彼女は遊ぶのが大好きで、絶えず遊びたがるのだ。彼女は上り下りを楽しみ、また喜びと苦しみを、創造と破壊を楽しんでいる。彼女は心に欲望の波を起こすのが好きで、波を静まらせておくのは好きではないのだ。だが、神はマーヤーに縛られていない魂を受け持っておられる。神が人を導いておられるときには、幸福、平和、至福のとぎれない流れが人の心に流れこみ、そこに他の思考の波が立つことはない。人は、そのサチダーナンダの深々とした静かな海とひとつになるのだ」

ビハリ・バーブ「ええ、マハラージ、聖典がブラフマンを海に、そしてマーヤーを海面の波になぞらえていることは私も知っています。そこでお尋ねしたいのですが、波も海も水であるのに、それらの違いは何なのですか？ その場合、マーヤーによって導かれることと、神によって導かれることとは同じになりませんか？」

ラトゥ・マハラージ「そうだ、ある観点では同じだ、しかし、別の観点もある。師はよく言っておられた。『波は海に属しているが、海が波に属していると言うことはできない』と。同じように、マーヤーは神に属しているが、マーヤーは神ではない。だから、マーヤーによって導かれることは、神によって導かれることと同じではない。それでもなお、マーヤーの導きの究極の目的が、個々の魂を神のもとに連れて行くことにあるのは確かだ」

ビハリ・バーブ「しかし、誰もが、マーヤーは個々の魂をあざむいて迷わせると言います」

ラトゥ・マハラージ「マーヤーはたえず遊びたがるのだ。マーヤーの遊びは限りなく続くから、人は自分の旅でどこに連れられて行くのかわからずに、マーヤーが自分を誤った方向に連れて行っていると思うのだ。しかし、どうだ、どうして彼女は私たちを誤った方向に導くことができるのだ？ 神は一切所にあられるのではないか？ マーヤーは神のご意志によって現われたのだ。そして彼のために働いているのだ」

ビハリ・バーブ「何と！ マーヤーが神のために働いているとは？」

ラトゥ・マハラージ「そうだ、ほかに何の動機を彼女は持っているというのかね？」

ビハリ・バーブ「しかし聖典は、マーヤーは人目を惑わし世界に魔法をかける、と述べています。彼女は、非実在を実在と見せかけます、そして彼女の主な関心事は人類を惑わすことです」

ラトゥ・マハラージ「なぜ人々がそう言うかわかるか？　聖典は、マーヤーをきびしく咎めている。なぜなら、彼女は無限のブラフマンを限定してしまったからだ。それにもうひとつの理由がある。神だけが実在であるのに比して、マーヤーは非実在であり、幻である。だが、マーヤーは、神との関係においてのみ非実在なのだ。人間の立場からみると、マーヤーはアヴィディヤー、つまり無知であり、それは実在でもないし非実在でもない。マーヤーを注意ぶかく見ていれば、彼女が一歩、一歩と人を神に向かって突き動かしているのがわかるだろう。彼女は片方の手では人を惑わし、もう片方の手では人間の前で意識のヴェールをはがしているのだ。彼女は釣り合いをとりながら、彼女自身の動機は何も持たずに、働いている。彼女は、幸福と悲惨、善と悪の釣り合いをとっている。これらすべての背後にある意図が君にはわかるか？　私たちに教えているのだよ。マーヤーの目的が人を惑わすことにあるならば、彼女は私たちに両面を見せずに一面しか見せないだろう。だが、マーヤーは私たちに二つの面を見せている、だから彼女は惑わし、同時に教えているのだ。なるほど彼女は人を多くの困難におとしいれるし、彼女の道はとても回りくどくて時間を食う。だが、その道をとればついには神に到るのだ。君がこの世で度重なる不幸と多くの苦痛とに悩まされて、マーヤーのやりかたを理解するに到ったら、マーヤーはそれ以上君をかかえこんでいることができなくなる。すると、君は彼女のサットヴァの力から解き放たれる。だから、彼女のことを不可能を可能にする者、と呼ぶのだ」

ビハリ・バーブ「マーヤーは恵みぶかい力も持っているのですか？」

ラトゥ・マハラージ「もちろんだ。マーヤーは神の力なのだ、その力が完全に悪いはずがあるだろうか？」

ビハリ・バーブ「マハラージ、あなたのお話のなさりかたを聞いておりますと、マーヤーは何か偉大なもののように思われますが」

ラトゥ・マハラージ「そのとおりだ。マーヤーは偉大であり、その偉大さが神ご自身なのだ。以前、ある僧がそれをうまく説明した。『人はすでに神に到達している。この悟りを得ようとなおも試みることは無益なことだ。この宇宙は神に属しており、人はその中に生きている。だから、人はサロキヤー・ムクティ、つまり神と同じ領域に生きることによる解脱を達成している。神は人をご自分に似せておつくりになった。だから、人はサルピヤー・ムクティ、つまり神の似姿像を持つことによる解脱を達成している。神は一切所にあられる、だから人は常に神のおそばにいる。したがって、人はサミピヤー・ムクティ、つまり神の近くに生きることによる解脱を達成している。人がいまだ達成していない唯一のものは、サユジヤー・ムクティ、つまり神とひとつになることだけである』と」

無知のおおいを取り除く

あるとき、マルダから来た教師シャシャダール・ガングリがラトゥ・マハラージに尋ねた。「アートマンは知識の対象になり得ますか?」

ラトゥ・マハラージ「対象とは、他のものの助けを借りなくては知ることのできないものだが、アートマンは自から明かすものだ。だから、アートマンは知識の対象とは言えない」

教師「ならば、なぜ私たちはアートマンを知りたがるのですか?」

ラトゥ・マハラージ「アートマンが私たちの本性だからだ」

教師「アートマンが私たちの本性であるなら、なぜ私たちはそれを知らずにいるのですか?」

ラトゥ・マハラージ「まあ聞きなさい。自分の本性から離れることのできる者がいるかね? もしできるのならそれは本性とは言えない。なぜなら、それは変わり得るものだからだ。人の本性は無知の厚い雲におおわれていて、その結果、人は何か別物のように見えるが、だからといって彼が本性から離れているわけではない」

教師「おっしゃることがよくわかりません。もう少し説明して下さいませんか？」

ラトゥ・マハラージ「よかろう。ここにさびにおおわれた真鍮の水差しがあるとする。それを見てある人は水差しは真鍮以外のものでできていると思うかも知れないが、そう考えても水差しの本性が変わるわけではない。真鍮の水差しはあくまでも真鍮だ。それと似たことだ」

教師「しかしマハラージ、そのたとえはここでは適当ではありません。真鍮の水差しは、自身のことを真鍮でないとは考えませんが、人は、自分のことをアートマン以外のものであると考えます」

ラトゥ・マハラージ「それは違う。人は自分が何か他のものだとは考えない。人は『私のからだ』、『私の心』、『私の知性』とは言うかも知れないが、『私は肉体である』とか『私は心である』とは決して言わない。彼は、彼が『私の』と呼ぶものが『私自身』と同じではないことを知っているのだ。人の私―意識は常にある。それを持っていないのではなくて、ただ言い表わせないだけだ。君は、腹が減ったとか眠いとか感じることができるだろうが、君は本当は誰なのか言えるかね？」

教師「言えません、マハラージ。しかし私は空腹や疲労を感じます」

ラトゥ・マハラージ「私の言うのはそれだ。君は君の意識に気づいているが、それを言い表わせないのだ」

教師「なぜ私はそれを言い表わせないのですか？」

ラトゥ・マハラージ「それは、君の心が欲望、疑い、無知で深くおおわれているから、君の本性がそれ自身を言い表わせないのだ。カルカッタのメチュアバザールにある磨き屋を見たことはないかね？　その店には色付きの液体の入ったガラス瓶がある。金属細工師が曇った真鍮の水差しを取ってその瓶の中に浸すと、たちどころに曇りはみな消えて、水差しは輝き出す。それから別の瓶に水差しを浸すと、水差しは黄金色に変わる。これと同じように、私たちの私―意識をおおっている曇ったものを、まず洗い流さなければならない。すると、私たちは最奥の『自己』の輝きを見ることになるのだ」

教師「どのようにしたら曇りを洗い流せるのですか?」

ラトゥ・マハラージ「君の心を主の御名の瓶に浸しなさい。そうすれば、不浄なものはみな洗い流される。そうして、心を主の恩寵の瓶に浸しなさい。君の本性がどれほど美しく輝いているか君にわかるだろう。まず君の心をきれいにしなければならない。他に方法はない。君がこの世で幸福になりたいのならば、君自身を金めっきではなくて純金であると考えなさい。『私のもの』という考えは苦しみを生むが、真の『私』(高次の『自己』)を知ると至福が得られる。『自己』を知ると無知が取り除かれる、そして、この『自己』がアートマン、つまり人間の本性なのだ」

教師「しかし、アートマンは一切所に遍満していますが、一方、『私』(低次の自己)は有限です」

ラトゥ・マハラージ「それは問題ではない。ジャスミンの花を見たことがあるだろう。花はいかにも小さい! その小さな花びらに、朝、一粒の露がおりると、その露には無限の青空が映るのだ。それと同じように、『私』は無限かも知れないが、神の恩寵により、その『私』は無限のアートマンの反映をとらえることができるのだ」

教師「どのようにしたら神の恩寵を得ることができますか、マハラージ?」

ラトゥ・マハラージ「色欲と貪欲を制御しなさい。ジャパ(繰り返し祈ること)を行ない、慈悲の心を持ちなさい。それができれば、君の上に主が恩寵を降らせて下さるのを知るだろう」

瞑想について

信者「マハラージ、ギャーニ(知識の道をたどる人)の瞑想と、バクタ(帰依の道をたどる人)の瞑想とのあいだには何か違いがあるのでしょうか?」

ラトゥ・マハラージ「ある。バクタは主の御名と形を瞑想するが、ギャーニは個別の魂の独自性とブラフマンを瞑想する。しかし瞑想の対象が何であれ、最終的には両方の祈願者とも同じ目標に到達する。瞑想が深まれば、主の御名も形も、また個別の魂の独自性やブラフマンについての知識も消える。それは確かだ。そのとき、名状しがたい経験の流れだけが残る。あるとき、師は私たちに『強烈な瞑想をすれば「一つであること」(Oneness)の知識が得られる』とおっしゃった」

信者「『一つであること』の知識とは何ですか?」

ラトゥ・マハラージ「言葉で言い表わせるものではない。その知識が生まれると、肉体の意識は消え、心は停止し、知性すら滅する。とぎれない『意識』だけが流れるのだ」

サマーディの神秘

ラトゥ・マハラージ「サマーディ(三昧の状態)は単なる言葉のあやだろうか? 人間の心は、集中と瞑想とを長いあいだ絶えず実践して初めて神をかいま見ることができ、そしてそのときにだけ神の属性と力を悟ることができる。神の属性はまさに無限であり、神の力は無限である! それらを超えることなど誰にできよう? 人はただ神の栄光に心を集中して何百万回もの生涯を送ることができるが、彼はそれから何を得るのだろうか? 彼は神の栄光と力を理解するかも知れないが、真に神を経験したことにはならない。神を悟るとは、人が自分の属性と力とを超えて神に没入するようになることだ。たやすいことではない! 祈願者は、神のご慈悲により、神が彼の属性と力とを超えられるように助けて下さるときにだけ、神に到ることができる。神の恩寵だけが、祈願者が心の波を止め、知性を滅することを可能にして下さる。そうでないとして、自力で心と知性の働きを止めることなど誰にできるというのか? 心と知性とを滅して初めて、人はサマーディに到るのだとはっきりと知るがよい」

信者「マハラージ、祈願者は自力ではサマーディに到れないとおっしゃるのですか? 人は集中と瞑想とを実践することによってサマーディに到ると聞きましたが」

ラトゥ・マハラージ「君たちの聞いたことは本当だ。集中と瞑想とによって達成されるサマーディを、シュリ・ラーマクリシュナは『チェーターナ・サマーディ』と呼ばれた。このサマーディには、法悦と力との相互作用がある。しかし師は、心が滅しエゴが消え去るもう一つの種類のサマーディについてもよく話された。実を言えば、神の恩寵なくしてはそのサマーディに到ることなど誰にもできないのだ」

信者「マハラージ、実践によってシッディ（成功）が得られると言われていますが」

ラトゥ・マハラージ「そうだ、シッディには到るだろうが、真のサマーディには到らない。祈願者は、努力と能力とによってシッディと繁栄を達成するが、神を悟るのはサマーディによってだ。サマーディの経験を言い表わすことは誰にもできない。言葉で神の属性をほのめかしたり神の力について語ったりすることはできるが、言葉によって神は限定されはしない。神の栄光はまさに無限であり、神の力は無限なのだ！　神を限定することなど誰にできよう？　霊性の力と超自然の力をみな合わせても、神を見えるようにすることはできない。神はすべての中にあり、またすべてを超越しておられる。君が、多くの良い性質をそなえて多くのことを為し得るのと同じように、多くの能力を持っていながらそれらを見せることも隠すこともできる。しかしそれによって君の本性が明かされることはない。君の本性は、君の性質と力とにくまなく浸透しており、これまた、それらを超えている。祈願者は、神の栄光と力とをかいま見ることはできるが、だからといって神を完全に理解しうることにはならない。祈願者は、神がご自分を彼に明かしたときにだけ、神を悟ることができるのだ」

霊的な助言

マヤヴァティにあるアドワイタ・アーシュラマにしばらく滞在していたドクター・デ・メロが、ある夕べ、ラトゥ・マハラージに会いに来た。スワミに近づこうとすると、スワミがご自身に向かって「神には形がなく、また形がある」と言っておられるのが聞こえた。不思議なことだが、これはドクター・デ・メロにとって最も気になっていた考えだった。そこで彼は尋ねた。「神に形があるならば、人には神が見えるのですか？」

ラトゥ・マハラージ「見えるとも」

ドクター・デ・メロ「マハラージ、マヤヴァティにいるとき、私は机の上にイエス・キリストの画像を置いて彼を瞑想していました。あるとき、その画像が生きている姿のように見えたのです。すると突然その姿が消え、代わりにシュリ・ラーマクリシュナが見えました。それからまたその姿は消え、その場所に仏陀が現われたのです。これは幻覚だったのでしょうか？」

ラトゥ・マハラージ「いや、違う、違う。幻覚ではない。よくあることだ。君は正しい道にいる。そのまま進みなさい。一つの偉大な魂を見た者には、他の多くの魂も見える。シュリ・ラーマクリシュナはよく多くの神々のお姿を見ておられた」

ドクター・デ・メロ「マハラージ、ときどき私は混乱するのです。誰を瞑想したらよいかわからないのです」

ラトゥ・マハラージ「君は誰を最も愛しているのか？」

ドクター・デ・メロ「イエス・キリストとラーマクリシュナを同等に愛しています」

ラトゥ・マハラージ「いつも愛してきたのは誰か？」

そこで、ドクターは彼の一族の歴史について少し語った。彼の一族は、前の四世代にわたってキリスト教徒だったのであった。

するとラトゥ・マハラージは、「キリストを瞑想しなさい。彼を信じ、彼に祈りなさい。君は目標に到達するだろう」と助言した。

西洋からの訪問者との対話

あるとき、西洋の婦人が二人、カルカッタのバララームの住まいにラトゥ・マハラージを訪ねて来た。彼女たちは無神論者であったが、人のために善意の仕事をすることは良いことであると信じていた。彼女たちはラーマクリシュナ・ミッションの人道主義的な活動のことを聞いていた。チャンドラセーカル・チャタージが通訳にあたった。

婦人一「他人に善をなすのが人生の理想です——この点では私たちはあなたがたに賛成します。しかし、あなたがたは慈善活動よりも神のほうに高い地位を与えておられます。それには賛成しません。神は知覚することのできないものですし、神の存在を証明することはできません。なぜ、この未知の実体を最初に信じてから他人に善をなすように人々にお求めになるのか、私たちにはわからないのです」

ラトゥ・マハラージ「神を信じることなしに人類に奉仕しようとする人々は長続きしない。少したつと突然疑問を感じ出す。『これによって私は何を得るのか？』と。そしていったんこの疑問が生じると、興味を失い始める。他人に奉仕したいならば、何らかの個人的な犠牲を払わなければならない。他人のために犠牲を払おうという願望は、神を信じない限り生まれないことを君たちは悟るべきだ」

これを聞くと婦人たちは二人とも笑って、第二の婦人が「それでは説明になっていません」と言った。

ラトゥ・マハラージ「なぜ君たちは慈善活動をしたいのか教えてくれるか？」

婦人二「慈善活動はほかの人のためになるから私たちはやっているのです」

ラトゥ・マハラージ「しかし、それによってこの私は何を得られるのかね？　なぜ私は他人のために働かなければならないのだろうか？」

婦人一「私たちは社会に生き、同胞たちに義務を負っています。その義務を果たすことが私たちの信条だからなのです。私たちの理想は苦しみをやわらげることにあります」

ラトゥ・マハラージ「君がたった今言ったことよりも高い理想がある。それは、神の悟りだ。そのために励む者が勇者なのだ。他人に善をなすのは、とどのつまりは社会活動にすぎない。神の悟りとは何の関係もない。それに、慈善活動は他人のためになるかも知れないが、君については、どうか？　他人のために働くことによって、君に何の利益があるか説明することができるか?」

この時点で婦人たちは二人とも当惑した。

ラトゥ・マハラージは続けた。「なあ、君たちの主張には抜け穴がある。どんな主張にも必ずすきがあるものだ。君たちが神の実在を認めたときにだけ、すべてが意味を持つようになる。私たちが人生の中に神を導き入れると、食い違いは減り、すべては自分自身にぴったり合っているように感じるものだ。肉体の次元では私自身と他人とのあいだには違いがあるが、霊の次元では私たちは同じサチダーナンダ（実在―知識―至福＝絶対者）なのだ。この観点からは、誰も他人を助けることはできない――人は自分自身を助けているだけだ。私たちの慈善活動のかなめはこうだ。他人に善をなすときには、私たちは私たち自身と他人とのあいだにある見かけ上の区別を忘れようとする。他人の幸福は、私の幸福だ――それが私たちの姿勢だ。自分の幸福を望まない者があろうか? もし君たちが神を信じ、その上で社会に奉仕すれば、君たちは決して腹立たしい思いをすることはあるまい」

婦人一「あなたの主張で一点、わからないことがあります。どうして多数の人が私の一部になり得るのですか?」

ラトゥ・マハラージ「だが、なあ、これは主張ではなくて一つの事実なのだよ。多数の人は、一つのサチダーナンダの一部である――これが真理だ。違いは名と形の上だけのものだ。ちょうど、同じ銀が、コップや皿や指輪その他に形を変えるのと同じだ。これと同じように、君、私、そして他人は、外面上は違っているかも知れないが、本質では私たちはみな同じサチダーナンダなのだ。同じ神が多数になり、違う名、違う形をとって遊んでおられるのだ」

婦人一「それを証明できますか?」

ラトゥ・マハラージ「もちろんだ。しかしその証明は他人に示して見せられるようなものではない。自分自身が悟るという出来事なのだ。愛を他人に示して見せることができるか? 愛する者と、愛される者とだけがそれを感じるのだ。部外者にそれがわかるか？ これは神の場合と似ている。神と、神の寵愛を受ける者だけがそれを理解することができるのだ。他人にはできない」

婦人一「うまいたとえです」

婦人二「それでも疑問は解けません。神を信じていなくて、それでも他人に多くの善をなしている人がいるとします。彼はそれによって利益を得ませんか？」

ラトゥ・マハラージ「得る。あらゆる行為はそれに応じた結果を生む。ある人は、慈善活動をすることによって、社会的な利益を得るだろう。しかし、その活動に彼のエゴが関係していたなら、霊的な利益は全く得られない。善行ですら、エゴと関係していたなら、その結果は束縛に変わる。私心に動機づけられた行為によっていては、カルマの輪から逃れることはできない。その一方で、無私の行為は、行為による束縛を打ち砕き、人に解脱をもたらすのだ」

婦人二「私にはそれは納得できません。何の動機もなしに他人に奉仕している人など見たことはありません」

ラトゥ・マハラージ「全く何の動機もなく他人に善をなすことができると言っているのではない。動機を神に向けよ、と言うのだ。誰もが神を見られるわけではないが、神の実在を信じなければならない、そしてその信仰が神を見る手がかりなのだ。まず神を信じ、それから神の子供たちを愛しなさい。たとえば、誰かがある仕事をひときわうまくこなしたとする。その知らせが王の耳に入り、王は彼を召し出した。仕事がうまくできたから、王と会見することができたのだ。これと同じように、主の子供たちに愛をもって奉仕することによって、君たちは彼の恩寵を得、また彼のヴィジョンをも得るだろう。みな神の子供なのだ」

西洋の婦人は二人とも感銘を受け、のちに、ローマからラトゥ・マハラージへ感謝の手紙を書いた。

伝道について

「ただ太鼓を打ち鳴らすだけで宗教の伝道になりうるだろうか？ 宗教とは、私たちの外にある何ものかで、一人がそれについて話すともう一人がそれを受け入れるというようなものなのだろうか？　宗教とは悟りであり、騒音とファンファーレによって真理を悟ることはできない。伝道師が声高になるほど、それだけ人々の心は外を向く。心が内を向かないかぎり、神を悟ることはできない」

「数年前にここカルカッタであった宗教の盛りあがりようといったら！　救世軍の伝道師が町のほとんどの辻ごとにいて、宗教について話していた。ブラフモ・サマージのリーダーたちは彼らの寺院で教義を伝道していたものだ。ヴィシュヌ神の信者たちは彼らの礼拝堂でキルタンをよく歌っていた。これらの集会全部のことを考えてもみてくれ！　ある日にケーシャブ・センがビードン広場でナヴァ・ヴィダーナ（新しい啓示）について話し、翌日にはカーリー・クリシュナ・バナージ師がキリスト教信仰について話し、三日目にはシュリ・クリシュナーナンダがヒンドゥ教について話していたものだ。人々は彼らのまわりに集まって耳をかたむけていたものだ。一人の伝道師がヒンドゥ教をののしると、もう一人の伝道師がヒンドゥ教を擁護する。宗教伝道の何という嵐！　だがこれらすべてから何が生まれたか？　彼らはいまどこにいる？　あれら宗教のリーダーたちは、説教によって人々をひきつけようとした。一方、もう一つ別のグループは静かな瞑想と祈りとに時間をささげ、神の悟りにエネルギーをかたむけていた。そしていま、この二つ目のグループのまわりに多くの人々が集いつつあるのが見えるではないか？」

「中身がなければ人の言葉は空虚で説得力を持たないのは避けられないことだ。放棄と、平穏さと、神へ真実の愛がなければならない。そのとき初めて人々は君を信じるだろう。主の御意志はこのように独特の仕方で作用する。スワミ・ヴィヴェーカーナンダの生涯を見てごらん。きびしい霊性の修行を実践したのちに、彼は師から伝道せよとの命令を受け、すると人々は彼の言ったことを受け入れたのだ。一回の講演で、スワミジーは世界的に高名になったのだ」

グルについて

信者「霊性を進歩させるためにはグルを持つことが絶対に必要ですか?」

ラトゥ・マハラージ「霊性の修行に本気でとりくむならば、教師、つまりグルを持たなければならない。主をふかく信じているならば、主御自身を君のグルとして受け入れることができる。だが、神の熱心な信者をグルとして持つとなおよい。なぜだかわかるか? 君はのどが渇いて水がほしいときにどうするか? 水が手に入る一番近い場所に行くのではないのか?」

信者「ええ、マハラージ」

ラトゥ・マハラージ「遠くにある海に行くことはきっとない。そうではないか?」

信者「そうです。近くで水が飲めるなら、はるばる海まで行くことがあるでしょうか?」

ラトゥ・マハラージ「これで君の問いへの答えが出た。人間のグルは、私たちの近くにある川の水のようなものであり、主は海の水のようなものだ。神に対する渇きを覚えるときには、手近な人間のグルのもとへ行くべきだ。なぜなら、彼は、すばやく君の渇きをいやすことができるからだ」

霊的な資質をみがくことについて

信者「マハラージ、在家信者の義務とは何でしょうか?」

ラトゥ・マハラージ「幸福でみちたりた生活をおくりたいのなら、他人を非難することをやめよ。他人のあらさがしをするな。うわさ話をしたり非難したりしているよりは、寝て過ごすほうがよい。そんな話題が出ているのに気づいたら、その場を避けよ。他人のよい資質を見るようにせよ。これがあらさがしのくせをなくす方法だ。他人の過失や欠点をさがす人の心は他人の悪い資質でけがされる」

「自分自身の苦しみを感じるように他人の苦しみを感じよ。人々を救うあらゆる機会をのがさず、また何者をも傷つけるな」

「君を助けてくれる人すべてに感謝せよ。皆にいつくしみの心を持て。君をののしる人に対してもだ。それから、借金を作るな。借金は気苦労の種となるから」

「清浄であれ。そして、善悪の区別を知れ。良心のとがめるようなおこないを一切してはならない」

「神を忘れるな。朝夕に彼の御名を唱え、できれば夜には瞑想せよ」

サーダナーについて

ラトゥ・マハラージ「問うまでもなく、私がいま持っているものは何でも、師の恩寵によってやって来た。私は無学の人間だ。どうして私に苦行が実践できようか？サーダナー（霊性の修行）について私が何を知っていようか？　最初は、私はただ師の召し使いになりたかっただけなのに、彼は私に瞑想のしかたと修行の実践のしかたとを教えてくださった。そのころ、私はサーダナーの価値を知らなかったのだ。彼は主ラーマチャンドラの神秘も教えてくださった」

信者「主ラーマチャンドラの神秘とは何ですか？」

ラトゥ・マハラージ「ある日、私は師の御足をマッサージしていた。彼はお尋ねになった、『なあ、おまえのラーマチャンドラはいま何をしているか？』と。私は彼の問いに驚いた。どうして私にラーマチャンドラが何をなさっているかがわかろうか？　私が黙っているのにお気づきになって、彼はおっしゃった、『おまえのラームジーは、いま針のめどにゾウを通そうとしているのだよ』と」

信者「それはどういう意味ですか？」

ラトゥ・マハラージ「わからないか？　私はこんなに小さな器だ、なのに、彼は私の中にサーダナーを注ぎこまれたのだ」

信者「マハラージ、サーダナーを他人に注ぎこむことができるのですか？」

ラトゥ・マハラージ「できる。しかし誰にでもできるわけではない。神を見、至福にとけこんだ者――その人にならできる」
信者「マハラージ、私たちにサーダナーを少し注ぎこんでください」
ラトゥ・マハラージ「師にはそれがおできになった。だからといって私にできるわけではない」
その信者は思いをこめて言った。「あなたにならおできになります、マハラージ。どうぞ私たちを祝福してください。今生で霊性を進歩させられるように私たちに手をお貸しください」
ラトゥ・マハラージ「君たちはいつも同じことを言う。ここに来るときは、君たちは余生をサーダナーをして過ごそうと確かに思っている、しかし、いったん家に帰ると、君たちは考える、『何で気にすることがある?』。世間では、君たちのエネルギーはすべて、金を稼ぐことについやされる。おぼえておけ、君たちは、何であれ実践することで完成に到達するのだ。サーダナーを実践したくないのであれば、神に到りはしない」
信者「世間で生きてゆくにはお金が必要です。御承知でしょうが、お金なくしては何もできません」
ラトゥ・マハラージ「ああ、知っている。君たちは欲しているものは何でも手に入れるだろう。だが、霊的でありたいならば、ほかのものを一切欲することはできない。師はよくおっしゃっていた、『何であれおまえたちが神に求めるものを、おまえたちは受ける。しかし、神だけを求めるならば、おまえたちがほしがっているほかのすべてのものも同時に満たされるのだ』と」
信者「マハラージ、私たちは不運なのです。私たちは全霊で主に呼びかけることはできないのですから。私たちの祈りは彼に届くのですか?」
ラトゥ・マハラージ「ああ、届く。だが、君たちの祈りは金への欲望と混じっている。だから、それが彼が送ってくださるものなのだ。君たちが『私はお金も名声も栄誉もほしくありません。私はあなたが、あなただけがほしいのです』と祈るその日――まさにその日に、彼は君たちのもとへ来てくださる。師は言っておられた、『ボーガ(楽しみ)を多く持つほど、それだけヨーガを持てなくなり、それだけ世俗で燃えつきるのだ』と。師はたえず私たちに教えてくださった、『ヨーガを実践するときには常にめざめてあれ。真夜中に神に呼びかけ、昼間には彼を思い、常に神に仕えていよ』と」

霊的な不満足

ラトゥ・マハラージ「満足は、霊的な進歩のさまたげだ」

信者「どういう意味ですか、マハラージ？　人々は心の平安を見いだすためにサーダナー（修行）を実践するのです、なのに、あなたはそれが祈願者の進歩のさまたげだとおっしゃるのですか？」

ラトゥ・マハラージ「それは真実だ、人々は平安を見いだすためにサーダナーを実践する。だが、祈願者がいくばくかの平安を見いだしたのちに神を忘れるならば、どうしてそれ以上進歩することができようか？　不満が全くなければ、神へのあこがれは生まれない」

信者「平安に到るよりも高い何らかの境地があるのですか？」

ラトゥ・マハラージ「なあ、平安がサーダナーの目的だろうか？　平安よりも高い境地はたくさんある。だが、それらの境地を体験したければ、何よりもまず平安に到る必要がある。その平安とは何であるか君は知っているのか？　人はそのとき、いわば、彼の人生に満足しており、外面的な艱難辛苦に心をかき乱されないのだ。祈願者が外面的にも内面的にも平安に満たされない限り、霊的な道への扉は開かない。だが、霊の国への扉がいったん開けば、不満がふたたび始まる。ただ、この不満は、私には説明できない神秘的なたぐいの不満なのだ。この境地にあるときには、祈願者は何もしないでですわっていることもできなければ、即座に進歩することもできない」

信者「マハラージ、おっしゃることがわかりません。説明してください」

ラトゥ・マハラージ「これを理解するには、修行と苦行とが不可欠だ。君はほとんど苦行を実践してきていない。だから、私は君に千回説明してもよいのだが、なおもそれは君には神秘のままだろう」

苦行について

一九〇二年、ラトゥ・マハラージは、シヴァ・ラートリーの時節にベルル僧院に滞在していた。シヴァ・ラートリーとは、主シヴァに奉納され、礼拝と断食とによってとりおこなわれる徹夜の勤行である。その夜、彼は、多くの信者たちをともなって近くのカーリヤネーシュワル寺院にシヴァへ礼拝をささげに行った。彼は、信者たちの一人に言った。「思うに、断食は君にはむずかしすぎる。少し食べるがよい」

その信者は答えた。「いいえ、礼拝をする前には何も食べたくありません」

ラトゥ・マハラージは言った。「その決意はよい。だが、断食が君の心を神から遠ざけるとしたら、それが何の役に立つ？　それよりも、帰依の心をもって礼拝を行う決意をせよ。断食に断食以上の高い価値をおくな。それはただの固執であって、真の価値はない。君の心が神ではなく食べ物にとらわれているとしたら、愛と帰依の心とをもって礼拝を行うことなどどうしてできよう？　心がかき乱されていては、帰依は不可能だ」

識別力について

信者「マハラージ、あなたがた僧は、色欲と金への執着を捨てよと助言なさいますが、私たちは在家のものです。どうしたら放棄することができるでしょうか？　その方法をお教えください。私たちの心は世俗の執着心でいっぱいです。たたかえる相手ではないように思います。執着心の力のほうが私たちよりも強すぎて、自分たち自身を執着心から守る方法と手段とをつくり出すことをさせてはくれないのです。あなたは、主の御名を唱えて識別力を身につけることをお求めになっていますが、私たちは執着心に圧倒されています。どうか、秘訣をお教えください。あなたはどのようにして執着心を克服なさったのですか？」

ラトゥ・マハラージ「君たちは真剣にジャパを実践していないから、常に不平を言い、いいわけをするのだ。なあ、神聖な御名を繰り返し唱えることを習慣にすれば、御名そのものが心をとらえるようになる。心は、世俗の楽しみに夢中になることを望んでいる。執着心が、もめ事を起こすもとなのだ。執着心は、いわば心を鼻輪につないであらゆる方向に引きずり回すのだ」

「主クリシュナは、心が落ち着きのないものであるということについてはアルジュナに同意した。彼はアルジュナに、落ち着きのない心を落ち着かせるには、感覚の楽しみを放棄して、実践を繰り返すことだ、と教えた。君の心が感覚の楽しみを追いもとめるときにはいつでも、君の識別力を用いよ。なあ、感覚の対象ははかないものだ。それらはやって来てはまた去る。君の日々の生活に必要なものだけに満足し、それ以上は望むな。あまりにも多くの世俗の付帯物が、真理についての思いを心から押しのけている。真理は一つ、そしてそれはブラフマンなのだ。ブラフマンだけが真実であり、それ以外のものはすべて真実ではない。このような思いを何度も何度も肝に銘じよ、すると次第に真の識別力が生まれてくる」

「ひとつ物語を聞かせてあげよう。あるとき、ラーマが彼の信者であるハヌマーンに真珠の首飾りを贈った。ハヌマーンは首飾りを注意ぶかくあらためて、真珠の一つをかじって割って開けた。ところが、そこにラーマの名が見つからないので、彼は首飾りを投げ捨てた。これを見てラクシュマナ（訳注＝ラーマの弟）は動顛して言った。『サルなどにどうして真珠の首飾りの価値がわかるものですか。やつはこれほど貴重なものをかじって壊したのですよ！』すると、ラーマはラクシュマナに、ハヌマーンがそうした理由を尋ねてみてくれ、と言った。尋ねられてハヌマーンは答えた、『私は、聖なる御名がそこにあるかどうか確かめるために真珠を開けてみたのです。ラーマがその中においでになるのでなければ、真珠に価値はありません』と」

「君は今後、真実と真実でないものとを識別するようにしなければならない。識別力を油断なく働かせておくのは大変な苦行だ。識別力にたけた者だけが、色欲と貪欲とにうまく打ち勝つことができる。だから、君の識別力と良心とをみがけ。君の知性が善悪の区別をつけられるように訓練されていなければ、どうやって悪い傾向とたたかうことなどできようか？　まず、感覚器官の門を通って心へ入ってくるがらくたを掃除せよ。そして、それぞれの門の前に『立入禁止』の札をかかげておけ。それでも掲示を無視して入ってくるような悪い考えは、警察に引き渡さなければならない。警察とは、君の良心のことだ。警察の助けを借りて、心からけがれた傾向（悪趣）を追い出して、それから、そこに主を鎮座させなければならない。これが、色欲と貪欲とを克服する方法だ」

「貪欲の種は心の中にある。その種は、内側の感覚器官と、外側の感覚対象とによってやしなわれ、やがて育ち、数えきれない実を結ぶ。これらの実を摘みとって、その種を滅ぼさなければならない。そのあと、主の御名という種をまかなければならない。そして、順次、収穫物を刈り取るのだ。いまは、君は欲望の収穫物を刈り取っている。師はよく言っておられた、『欲望のある所には、神はおいでにならない。神のおいでになる所には、欲望はない』と」

清浄さについて

「清浄であれ。清浄であれ。清浄であれ。君は清浄さなしには神を理解することはできない。清浄でなければ、清浄さの化身であられる神を悟ることはできない。神、すなわちすべてのものの真の師にお仕えするためには、心を清浄にしなければならない」

愛について

シュリ・ラーマクリシュナの在家信者が、あるとき、手紙で自分の愛をラトゥ・マハラージに伝えたことがあった。ラトゥ・マハラージは言った、「人に愛を伝えるのはそれほどたやすいことだろうか？　真に愛を伝え得るようになるためには、多くの霊的修行が必要である。普通の人々が、愛について何ほど知っているというのか？　神のみが真に愛することができるのであり、明知を得た人々のみが真に愛を伝えることができるのだ」

別のおりに、彼は言った、「君の愛は、世俗への執着が湧き出したものだ。犬同士は、一緒に遊ぶし、食べ物をめぐって争いもする。君たちの愛はそれと似ている。君たちは、お互いに抱擁を交わし、やさしい言葉をかけあうが、君の私利を誰かが侵した瞬間に、君は怒り出して、殴りかからんばかりになる。その種の愛をおもてに出すな」

謙遜について

ある日、富裕な信者が、慣習にのっとったやり方でラトゥ・マハラージに挨拶をした。つまり、手を組み、それを自分の頭のほうに掲げたのだった。これを見てラトゥ・マハラージは言った、「いいかね。神、僧、修行者に対しては、うやうやしく身をかがめて敬礼をしなければならない。シュリ・ラーマクリシュナはよくおっしゃっていた、『この種の斧振り上げ式の挨拶のしかたには何のとりえもない』、と」

その場にいたもう一人の信者が尋ねた、「マハラージ、斧振り上げ式の挨拶とは何ですか？」

ラトゥ・マハラージ「通常やるようにして、組んだ手でひたいに触れるのが、師がおっしゃっていた斧振り上げ式の挨拶だ」

富裕な信者「マハラージ、おゆるし下さい。われわれは、挨拶の本当の意味を知りませんでした。われわれは単に習慣に従っていただけなのです」

ラトゥ・マハラージ「私は気にしていない。君のせいではない。だが、師がおっしゃったことを覚えておくように。等しい者のあいだでは、君がたった今やったように挨拶を交わせばよい。しかし、その人が、知性、名誉、力、霊性の点で君よりもすぐれているならば、うやうやしく身をかがめて敬礼しなければならない。彼の前では謙虚にし、彼の言うとおりにしなければならない。他者に敬意を払っているときには、君の考えと言葉とを一致させるようにせよ。見せるためだけの挨拶には何の価値もない」

御名について

「シュリ・ラーマクリシュナは、主の御名を唱え始める前に、御名に挨拶せよ、とよくおっしゃっていた。人は、主の御名に帰依しなければならない。名と、名づけられたもの、つまり主は、ひとつなのだ。人が一心に御名に祈りをささげれば、その人の祈りは主に届く」

「いいか。主の御名そのものがシャクティ、すなわち、神の御力であり、名づけられたものが神御自身なのだ。シャクティに礼拝しなければ、神を悟ることはできない」

神の諸相

信者「マハラージ、理想神（訳注＝信仰者が礼拝のために選ぶ、または選んでもらう理想的な姿や性質の神）以外の神や女神のヴィジョンを見るのはよいことなのですか？」

ラトゥ・マハラージ「神の姿を見ることは、常によいことだ。瞑想中に、君の理想神が多くの姿をとって君の前に現われるのがわかるだろう。これは彼の神遊びなのだ。彼の中には多くの姿がおさめられているのだから、それらを区別する必要はない」

信者「聖典には、神のさまざまの姿が個別に書かれてあって、おのおのの神格について、所定の瞑想があり、礼拝法があり、何らかのマントラがあります。だとしたら、自分自身の理想神について瞑想しているときに、どうすれば神の他の姿を見ることができるのでしょうか？　これらのヴィジョンは人の霊性の進歩に役立つのですか？」

ラトゥ・マハラージ「君たちは、神々や女神が互いに区別できるものと考えているが、実際には、それらはすべて同じものなのだ。姿が多くてどうだというのだ？　よいか。君は一人の人間だ。君が怒ると、君の顔は一つの表情をとる。笑うと、別の表情を見せる。泣けば、さらに違って見える。君の顔の表情は君の感情と共に変わる。しかし、君は一人の人間として、常に同じままでいる。誰かが君の名を呼べば、君は自分の気分がどうであれ、答えを返す。シュリ・ラーマクリシュナはよくおっしゃっていた、『カメレオンは、色を変える。赤くなるときもあれば、緑、黄、灰色、紫、青、その他の色になるときもある。人は、カメレオンは自分が見ているときと常に同じ色でいる、と思うかもしれない。だが、カメレオンが住んでいる木の下にいる人は、カメレオンが時によって色を変えることを知っている。これと同じように、自分の理想神について深く瞑想する人は、さまざまの御名、さまざまのお姿が実際には同じ実在の異なる諸相にすぎないことを、ついには悟るのだ』と」

祈りについて

信者「マハラージ、神についての疑念を晴らすには、祈りと論証のどちらがより容易な方法でしょうか?」

ラトゥ・マハラージ「シュリ・ラーマクリシュナはよくおっしゃっていた、『理性を通じて神を知ることができようか? 彼の力と栄光は、無限なのだ。論証しすぎれば混乱を招くことがあるし、さらには、無神論的な姿勢に通じることもある。だから、あこがれる心で神に呼びかけるほうがよい』と。師はさらにおっしゃった、『ワインをひとびん飲んで酔うことができるならば、居酒屋に酒樽がいくつあろうと知ったことではなかろう? コップ一杯の水で渇きがいえるならば、地球上にどれくらい水があるか計算しようとして脳みそを絞ることもなかろう?』」

信者「私たちは誰に呼びかければよいのですか、マハラージ、グルですか、それとも理想神ですか?」

ラトゥ・マハラージ「どちらに呼びかけてもよい。同じことだ。グルと理想神とは同じものだ。霊的な修行を積んでいなければ、祈願者の心に疑念が生まれる、そしてその疑念がすべての苦悩の根なのだ。君のグルを信頼せよ。彼に誠実であれ、餌をくれようがくれまいが主人のもとを決して離れない牛のように。『私はあなたのしもべであり、あなたは私の師である』と言え」

礼拝について

「礼拝とは何か、知っているか？　すべては主の持ち物である。だとすれば主に捧げられるものがあろうか？　だが、師はよく私たちにおっしゃっていた、『あるとき、ある富裕な男が自分の果樹園をおとずれた。彼は、園丁たちが忙しく立ち働いているのを見た。管理人が男に近寄ってきて、熟したパパイヤを贈り、『御主人様、昨日この熟した果物をあなたのためにもいでまいりました。どうかお受け取り下さい』と言った。さて、所有者は、この庭も、樹も、果物も、すべて彼の持ち物であることを知っている。だが、彼は管理人の愛と配慮とに感謝しないだろうか？　礼拝とはこのようなものだ」

また別のおりに、ある信者が母なる神への礼拝のために、安手の小さな布きれを買ってきたことがあった。ラトゥ・マハラージはすっかり当惑した。彼は言った、「その布は捨ててしまえ。短すぎる。なぜこんなに安っぽいものを買ったのか。母には常に上等な布を捧げよ。買えなければ、涙を流して言え、『母よ、私はあなたに何も捧げることができません。どうかおゆるし下さい』と。主に礼拝するのに安い薄っぺらの布とか、いたんだ果物とか、ぱさぱさの菓子とかを買ってくる人々がいる。君たち自身が使ったり食べたりしたくないようなものを、なぜ主に捧げるのだ？　投げやりに礼拝を行なうよりも全く礼拝しないほうがましだ。喜びと愛とを持って主に主の物を捧げる人こそ真に幸いだ。帰依の心でお贈りしたものでなければ、主はお受け取りにならない」

実際的な教え

信者「マハラージ、私たちは神を見たことがありません。どうすれば神におすがりできるのですか？　私たちには、神におまかせするやりかたがわからないのです。『主よ、私たちに優しくして下さい、あなたのお恵みを私たちにお授け下さい』と言うだけでよいのですか？」

ラトゥ・マハラージ「なあ、神は絶え間なくお恵みを私たちに降り注いで下さっているのだ。この世に君が存在していることすら、神のお恵みによるものなのだ。君は祈りについて尋ねている。そうだな、君は神の御名を知っている。君の案内役として神の御名から始めることができる。君は、会社の経営者に会ったこともないまま求職の申込書を送るのではないか？経営者と面接できるかどうかは、彼に申込書を送ったかどうかで決まる。申込書はこういうふうに書くだろう、『拝啓、この職に採用して下さい。あなたにお仕えすることができれば非常に幸いです。変わらぬ忠誠を誓います』とか何とか。そしてこれ全部を、経営者に会わないうちに書くのではないか？」

「だから、これと同じように、主に申込書を送ることができる。だが、この申込書は紙に書かれるべきものではなくて、人の心のページに書かれるべきものなのだ。言葉づかいに気をつけなければならないし、住所も正しくなければならない。さもないと、手紙があて先に届かない。申込書はこのように書くのだ、『おお、主よ、私があなたの御名を決して忘れることがありませんようにに。私はあなたに帰依します。あなたにお仕えするものとして私をご指名下さい、そして私のエゴと私の疑念とを打ち砕いて下さい。あなたは私の師であり、グルであり、父であり、母であり、すべてであられます。私はあなたの子です。恵みの道に私をお導き下さい。私をあなたの道具として下さい。あなたの魅惑のマーヤーで私を迷わせないで下さい。おお、私の素晴らしい主よ、私はあなたにお会いしたことはありません。私はあなたの御名を聞いたことがあるだけです。私をあなた御自身のものとなさって下さい』と。このように毎日祈らなければならない。そうして初めて、彼は君に恵みを授けようとお決めになるのだ。ひとたび彼に選ばれたら、それ以上思いわずらう必要はない。彼は君を一歩一歩導き、何をすべきか教えて下さる」

神の悟りのあとに

信者「マハラージ、あなたは神をお悟りになっていています。世間についてのあなたのお考えを聞かせて下さいますか?」

ラトゥ・マハラージ「私の知っているのはこれだけだ。水を満たした器を単独でどこかにおいておけば、水はしまいには蒸発する。だが、器がガンガーにひたされていれば蒸発しない。同じように、私たちが主の足元に私たちの心をおまかせすることができれば、世俗の風が私たちの心をひからびさせたり荒廃させたりすることはできない。そのとき、世間はもはや、不幸な場所だと思えなくなるのだ」

信者「マハラージ、あなたは今、世間が重荷であるとお感じになっていますか?」

ラトゥ・マハラージ「いいかい、君がガンガーに深くもぐると、君の上には何千ポンドもの水があっても君はその重みを感じない。これと同じように、神の創造物の中に身を投じ、さらになお、彼におすがりしていれば、君はその重荷を感じないだろう。そのとき、世間は陽気な場所となるのだ。トゥルシーダースの言ったこの美しい言葉を覚えておきなさい。『神に帰依するものは、神によって守られる。巨大なゾウは川の流れに流されるかもしれないが、川に住む小さな魚は流れにさからって泳ぐことすらできる』。君が神を信じるなら、彼はあらゆる状況で君に気を配って下さることを覚えておきなさい」

みじかい教え

「神以外の何ものにも執着するな。神におすがりするときにだけ、君の人生は意味あるものになる」

「知識の人とはどのような人か? 本をたくさん読んで、聖典を勉強し、いくぶんか身につけた人ではない。そうではなく、神への道を知っており、人々を神に導くことのできる人のことだ」

「世俗の愉しみを放棄すれば、至福を達成することができる。このような愉しみは、悲しみと苦しみ、そして病いと絶望の源であるからだ」

「君を助けてくれた人に感謝を感じないようではいけない。優しさから出たおこないは、どんなに小さなものであっても、返すことはできないのだ」

「君自身の欠点を見よ。ほかの誰をもとがめてはならない。それは大きな罪だ。心を狭くし、ハートをけがす。常に他者のうちに良い性質をさがせ。あらさがしが君の習慣になっていると、君は他者に常に欠点を見る。誰でも、自分の中に良い点と悪い点との両方を持っている。神のみが、欠点を持たず、神聖な性質で満たされているのだ」

「誰かが君の意見に賛成しているかいないか気にかけるな。君の主張を証明するだけのために不必要に言い争うな。霊的な雰囲気が台なしになる。人々には好きなようにさせておけ。君は、君自身の理想に従って生きればよい」

「神に何ものも求めるな。彼はすべてを御存知なのだから。神が御自分の信者の必要をどのようにして満たして下さるのか、びっくりするようなことがある」

「欲望は、人の心に欠乏感を生む。欲望を持っていなければ、欠乏感もない。神への愛は、欲望を打ち砕く」

「シュリ・ラーマクリシュナの教えに従う者は、母によって世間の試練と困難とから救われる。至福を求めるならば、『ラーマクリシュナの福音』を読みなさい」

「人間をだますのはたやすいが、神をだますのは簡単ではない。君の欠点を隠そうと躍起になっても、神は君の欠点を御存知だ。偽りのないハートで、主に『おお、主よ、私の欠点と弱さとを、すべて取り除いて下さい』、と祈れ。人は、神の悟りののちに初めて無垢になるのだ」

「嫉妬心は、命取りの毒だ。嫉妬深い人は、他者の繁栄と幸福に耐えられない。他者の前進を見ると彼の心は張り裂ける。嫉妬を断ち切ることができれば、神を悟ることができるだろう」

「月のない夜には、どんなに近くに立っていてもひとりの人がもうひとりの人に気づくことができない。これと同じように、迷いに暗くおおわれているせいで、人は自分の最も内奥の自己を見ることができないのだ」

「世俗の愉しみに対する不満と欲求は、病んだ心のしるしだ」

「常に聖なる人のことを思っていれば、君は神聖になり清浄になる。泥棒のことを思っていれば、君は泥棒になる。清浄な性格は、神聖なものと密に接することによって形成されるのだ」

「君は、私たちが木や石に挨拶していると思うか？　私たちは、『究極の実在』に挨拶しているのだ。彼は、宇宙のあらゆる原子に遍満している。すべての創造物、すべてのものごとに神を見る者は、ブラフマンの知識に到達する」

「神は無形のものであるが、彼は、私たちが彼について心にいだく概念に応じた姿をおとりになる。私たちが神の至福に満ちた姿の一つを念頭において瞑想することができるのは、無形のサチダーナンダが私たちのハートにお住まいになっているからだ。神は、信者が彼を瞑想するときに思い描くどのような姿でもおとりになる」

「神は、清浄なハートを持つ者に力をお与えになる」

（注一）アジャミラの物語は『バガヴァタム』にある。彼は生涯に多くの罪をおかした。彼にはナーラーヤナという名の息子があり、その名は至高の神であるヴィシュヌの通称でもあった。死の床で、アジャミラは大声で息子ナーラーヤナを呼んでいた。その結果、神の御使いが来て、彼を天国に連れて行った。彼のすべての罪は、主の御名をくりかえし呼ぶことでほろぼされたのである。

（注二）ヴァールミキは叙事詩『ラーマーヤナ』の作者である。彼はかつて強盗であったが、賢者ナーラダの感化で彼の全生涯が変化し、ヴァールミキは聖人となった。

スワミ・アドブターナンダの思い出

一、ラームラール・チャタージ

ラームラール・チャタージは、シュリ・ラーマクリシュナの甥で、ダクシネシュワルのカーリー聖堂で神職を勤めており、また、しばしばシュリ・ラーマクリシュナの身のまわりの世話をしていた。（以下は、ベンガル語の『ウドボダーン』誌、第二六年、第七号に掲載されたものの英訳である）

ラトゥは初め、ドクター・ラームチャンドラ・ダッタとともにダクシネシュワルにやってきた。部屋に入ると、ラーム・バーブは師に頭を下げた。ラトゥも頭を下げて、師の御足のちりをとった。師はラトゥをじっと見つめ、ラーム・バーブに向かっておっしゃった、「何とすばらしいことだ！ラーム、お前はこの少年をどこで手に入れたのか？彼にはいくつかの神聖なめでたいしるしが見える」

ラーム・バーブはびっくりして答えた、「そのようなことについて私に何がわかるでしょうか？あなたはすべてをご存知です」

ラーム・バーブと師との対話が続いているあいだ、ラトゥはそばに立っていた。師は彼に向かっておっしゃった、「おすわり」ラトゥは片隅にすわった。

くり返し師はラトゥをごらんになって、おっしゃった、「何とすばらしい少年だろう！とても良い子だ」まもなく、師はラーダーの歌を歌い始められた。

そのとき私はドアのそばに立っていた

けれども私の愛するクリシュナとお話をする
機会はちっともめぐってこなかった。
なぜ？ それはブラザー・バライが
　彼とともにいたから。
私の愛するお方が野趣深い庭園に向かわれるとき、
ああ、彼はうっとりするような響きを奏でられる。

歌っておられるうちに、師はサマーディに没入なさった。少したつと、彼は半ば覚醒状態になられ、ラーム・バーブとラトゥは彼の前にひれ伏した。ラトゥが立ち上がるか立ち上がらないかのうちに、師はその恍惚のムードに依然ありながら少年の頭や胸をなで始められた。師のほほを涙がつたい、髪の毛はカダンバの花のおしべのように逆立った。師はふたたびサマーディに没入なさった。彼がお触れになったことで、ラトゥは高い霊的境地に入った。少したつと、師は通常の意識をとり戻されて、おっしゃった、「ラーム、この少年に起きた変化がわかるか？ さあ、これと、私が彼について言ったこととをくらべてみなさい」

一時間後、ラトゥはやや意識をとり戻した。彼は最初は泣き、それから笑った。次第に彼はふつうの状態になっていった。私はこういうことを私自身の目で見たのだ。それに、そののち何度も、師とキルタンを歌っているうちに、彼が恍惚状態になるのを見た。

ラーム・バーブは、ラトゥの深い霊的なムードを見て、これ以上彼に召し使いの仕事を与えてはならないと感じた。彼は師に申し上げた、「私たちはこの少年を家のふつうの召し使いとして雇ったのですが、私は彼の霊性の深さにおどろきました。もう彼に下働きをさせるわけにはまいりません。いかがでしょうか？」

師はおっしゃった、「彼にいっさい下働きをさせるな。だが、お前が愛と優しさとをもって彼を遇するならば、彼に仕えてもらってもよかろう。それには何も害はない。それから、彼がお前たちの所にいたくなくなったり、あるいはお前が彼を召し使いとして置いておくことにためらいを感じたりするようなら、彼をここによこしてくれ。彼の属する場所はここだ」

それからのち、ラーム・バーブは、ラトゥを使って師に氷やキンマ巻きや香辛料その他を届けるようになった。ラーム・バーブの妻がこれらすべての物を手に入れて、包みを作った。しょっちゅう、ラトゥは師に捧げる物を持ってダクシネシュワルにやって来ては、二～三日滞在したものだった。その日のうちに戻ることもあった。彼のふるまいはまるで子供のようだった。

その後、ラトゥがダクシネシュワルで師とともに生活するようになった頃、彼はときどき師のお部屋の北側にあるベランダに毛布かマットを敷いて、厚いチャダールにくるまって横になっていた。「この子は眠り過ぎです」という人も多かった。そういう評判を私はしょっちゅう聞いた。ある日、人が何人か彼のそばに立っていたときに、私が彼のチャダールをもち上げると、彼の顔が涙で濡れていた。私はびっくりして思った、「何ということをしてしまったのか！　私は彼の瞑想をやぶから棒にかきみだしてしまった。何とひどいまちがいをおかしてしまったのだろう！」心の中で私は彼に許しを乞うて、チャダールをもとに戻した。私が彼のチャダールをもち上げたときに、彼は目を開けなかったことに私は気づいていた。彼は二～三時間、その姿勢で横たわったままでいた。彼が起きると、私たちは食物を出してやった。

師は、よくこういう歌を歌っておられた。

おお、心よ、主の御名を唱えよ。
そして、どんな食べ物であれ水であれ衣服であれ、
主がお前にくださった物に満足せよ。

ラトゥはこの歌が大好きで、よく歌っていた。私もよく歌ったものだ。

あるとき師はラトゥに向かっておっしゃった、「ほかに何をやりたいのか？　これ（師の身の回りのお世話をすること）自体がお前に完成をもたらしてくれるのだよ」

二、「M」

マヘンドラナート・グプタは、シュリ・ラーマクリシュナの在家の弟子であり、師を頻繁におたずねしたときの日記をつけていた。のちに、この日記をふくらませて、「M」の著者名で『シュリ・シュリ・ラーマクリシュナ・カタームリタ』として出版した。この書物は英語では『シュリ・ラーマクリシュナの福音』として知られている。以下の回想は、この書物からの抜粋である。(訳および頁は日本語版『ラーマクリシュナの福音』による)

日暮れであった。師の部屋には線香が燃えていた。彼は小さい寝台の上にすわり、瞑想に没入しておられた。Mは、ラカール、ラトゥ、およびラームラールとともに床にすわっていた。

師はMにおっしゃった、「要するに、大切なのは神への信仰を養い、彼を愛することだ」

夜おそく、Mはナハバトの中にひとりですわっていた。空も、河も、庭も、諸聖堂の尖塔も、木々もパンチャヴァティも一面に月の光を浴びていた。ガンガーのやさしいつぶやきのみに破られる、深い沈黙があたりを支配していた。Mはシュリ・ラーマクリシュナを瞑想していた。

午前三時、Mは座を立った。師が示唆なさったように、彼はパンチャヴァティのほうに向かって進んだ。彼はもはやナハバトには心を残さず、パンチャヴァティの小屋に泊まることに決めていた。

突然、彼は遠くのほうに、誰かが悲しげに泣いてでもいるような音をきいた、「おお、あなたはどこにおいでなのですか、ブラザー・マドゥスダナ（クリシュナ）？」満月の光が、パンチャヴァティの厚い繁みをもれてさしこんでおり、彼は前に進むと遠くのほうに、師の弟子の一人（ラトゥ）が植え込みの中にひとりすわって、どうしようもないように、「おお、あなたはどこにおいでなのですか、ブラザー・マドゥスダナ？」と叫んでいるのを見た。

黙って、Mは彼を見つめていた。（三〇六頁—三〇七頁）

シュリ・ラーマクリシュナは松林に行かれるところだった。美しい、黒い雨雲が北西の空に見えた。師はMにおたずねになった、「雨になると思うか。かさを持ってきておくれ」。Mはかさを持ってきた。パンチャヴァティに着くと、師は、やはりお供してきたラトゥに向かっておっしゃった、「どうしてそんなに顔色がわるいのかね」

ラトゥ「ほとんどものがたべられないのでございます」

師「それだけの理由かな。季節もよくない。瞑想しすぎているのではないか」

まもなく、師は彼らを残して松林のほうに行かれた。数分の後、パンチャヴァティに立っていたMとラトゥは、師が二人のほうに向かって帰ってこられるのを見た。彼の背後の空は雨雲におおわれて黒かった。それがガンガーに映って水をいっそう暗くしていた。二人の弟子は、師が無邪気さと浄らかさそのものの、微笑に輝く五歳の神の童児、神の化身であられると感じた。周囲には、彼がかつてその下で霊性の修行をなさり、神の姿をごらんになったパンチャヴァティの神聖な木々があった。その足もとには、人の罪を打ちくだく聖河ガンガーが流れていた。この神人の存在のために木立もやぶも花も草々も、そしてもろもろの聖堂も、霊性の熱気と神聖な喜びにみちあふれていた。（四九八頁—四九九頁）

ハズラーが部屋に入ってきて、信者たちといっしょに床の上にすわった。ハズラーはときどき、「ソーハム、ソーハム」「私は『彼』だ！ 私は『彼』だ！」とくり返した。ラトゥやその他の信者たちに向かって、彼はよくこう言った、「神に供えものなどをして拝んでなんになるか。それは神に向かって、すでに『彼』のものであるものを上げるにすぎないではないか」と。彼はかつて、ナレンドラに向かっても同じことを言った。

師は彼におっしゃった。

師「信者の礼拝の対象は誰であるかを、私はラトゥに説明してやったよ」

ハズラー「信者は、ほんとうは彼自身の『自己』に向かって祈っているのです」

師「お前が言っているのは、高遠な理想だ。霊的修行の、つまり神の御名や栄光をとなえることの目的はまさにそれを悟ることだ。人は、彼自身の内部に真の『自己』を発見したときに、いっさいのことを成就する。サーダナーの目的はそれをさとることだ。人が人間のからだを持って生まれてきたのもそれをさとるためなのだ。金の像ができ上がるまでは土でできた鋳型が必要だろう。しかしいったん像ができてしまえば、鋳型はすてられる。神がさとられた後には、肉体はすてられてもかまわないのだ」

「神は内部にだけおわすのではない。『彼』は内にも外にもおいでになるのだ。母なる神は、カーリー聖堂の中で私に、いっさいのものはチンマヤ、すなわち霊の権化であるということ、神像、私自身、礼拝の道具、敷居、大理石の床――これらすべてのものとなっていられるのは彼女なのだ、とお示しになった。いっさいのものはじつにチンマヤなのだ」

「祈りの、霊的修行の、神の御名や栄光をとなえることの目的は、まさにこれを悟ることだ。そのことだけのために、信者は神を愛するのだ。これらの若者たち（ラトゥその他）は低い段階にいる。まだ高い霊的境地には達していない。彼らはバクティを歩んでいるのだ。どうぞ、彼らに向かって『私は「彼」である』などというようなことは言わないでおくれ」

ひなを抱く母鳥のように、シュリ・ラーマクリシュナはじつに注意ぶかく信者をお守りになった。（五二〇頁―五二一頁）

信者たちはゴラクダムのゲーム（さまざまな「段階」を経ることにより「天国」にたどり着こうとするゲーム。ただし、段階を踏みまちがえるとそのつどプレヤーは特定の「地獄」に落ちる）をしていた。ハズラーも加わった。師はそばに立って、彼らが遊ぶのを見ておられた。Mとキショリとが「天国」に行った。シュリ・ラーマクリシュナは彼らの前に頭を下げて、「お前たち兄弟は幸せだ」とおっしゃった。彼はMにそっと「もう遊ぶのではない」とおっしゃった。ハズラーが「地獄」に落ちた。師はおっしゃった、「ハズラーはどうしたのだ。もう一度！」ハズラーは「地獄」から出るやいなやまた落ちた。みなが大笑いした。ラトゥはサイコロの最初の一ふりで「地上」から「天国」に昇った。彼はおどり上がって喜んだ。「まあ、ラトゥの喜びようをごらん」師はおっしゃった、「もしこう行かなかったら、さぞがっかりしたことだろう。（信者たちにそっと）これにも意味があるのだよ。ハズラーは高慢なのでこのゲームでもみんなに勝つと思っている。正しい人を辱めないというのは神の法則なのだ。そのような人はあらゆるところで勝つ」（五七九頁―五八〇頁）

月はさん然と輝き、その白い光は庭の小道（コシポルのガーデン・ハウス）に、木々に、池の面に満ちあふれていた。ギリシュ、M、ラトゥ、および他の数名の信者たちは、池に下りる階段に腰をかけていた。家は池の西のほうに建っていた。二階の師の部屋には灯火がともっていた。シュリ・ラーマクリシュナは、寝台の上にすわっておられた。部屋には数名の信者たちがいた。

その夜は、シュリ・ラーマクリシュナはいくぶんかおよろしかった。信者たちは師に敬礼をして床にすわった。師はMに、ランプを近くに持ってきてくれとお頼みになった。彼はギリシュにねんごろなごあいさつをなさった。

師（ギリシュに）「元気かね。（ラトゥに）タバコの用意をし、キンマ巻きをあげなさい」

二～三分たつと、彼はラトゥに、ギリシュに何か軽い食物を出せ、とおっしゃった。ラトゥは、とりにやっていると申し上げた。

シュリ・ラーマクリシュナはすわっておられた。ある信者が、いくつかの花の輪をさし上げた。シュリ・ラーマクリシュナはそれを一つ一つ、ご自分のくびにかけられた。彼はこのようにして、ご自分のハートに宿っておいでの神を拝んでおられたのだろうか。信者たちは不思議そうに彼を眺めていた。彼は、二つの花輪をくびからはずしてギリシュにお与えになった。

ときどき、シュリ・ラーマクリシュナは、食物が届いたかどうかをおたずねになった。

Mは師を扇であおいでいた。寝台の上に、ある信者のささげ物である白檀の扇が置いてあった。師はそれをとってMにお与えになり、彼はその扇であおぎつづけた。彼はまたMに、二つの花輪をお与えになった。

Mは、一年半ほど前に七～八歳になる息子を失っていた。子供は師にたびたびお目にかかっていたのだった。ラトゥはシュリ・ラーマクリシュナに、Mのことを申し上げていた。

ラトゥ「Mは昨夜、亡くなった子供の持っていた書物を見てひどく泣きました。奥さんは、悲しみで気違いのようになっています。ときどき、他の子供たちにたいそうつらくあたります。彼がときおりここに泊まるので、家で一さわぎ起こすのです」

シュリ・ラーマクリシュナは、これをきいてご心痛のようだった。（一〇四七頁―一〇四八頁）

朝七時、師は少し気分が良くなられた。彼はささやいたり、手まねをしたりして信者たちにお話をなさった。ナレンドラ、ラカール、ラトゥ、M、シンティのゴパール、および他の人々が部屋にいた。彼らは、前夜の師のお苦しみを思って言葉もなくすわり、沈痛な面持ちだった。

師（信者たちに）「私がたったいま何を見ているか、お前たちにわかるか。これらすべてのものになっておられるのは神ご自身である、ということを見ているのだ。私には、人々やその他の生きものは皮でできており、これらの皮のケースの中に宿っていて手や足や頭を動かしておられるのは、神ご自身であると思われるのだ。前にも一度、同様のヴィジョンを見た。家々も庭も道路も人々も家畜も――すべてが一つの実質でできているのを見た。まるで全部がロウでできているかのようだった」

この、唯一実在の中ですべてのものは一つだという ことの完全な自覚である、肝をつぶすような経験を語りながら、彼は感動に圧倒されて、「ああ！ なんたるヴィジョン！」とお叫びになる。

ただちに、シュリ・ラーマクリシュナはサマーディにお入りになる。完全に、ご自分の肉体のことも外界のこともお忘れになる。信者たちは困惑する。なすすべを知らず、彼らはじっとすわっている。

やがて師は、半ばこの世の意識をとり戻しておっしゃる、「いまはまったく痛みを感じない。私はまた昔の私になっている」

信者たちは、この、快苦も禍福も超越した師の状態を見つめ、驚嘆している。

彼は、ラトゥをチラと見ておっしゃる、「そこにロトがいる。彼はひたいにてのひらをあてて、うつむいている。私にはそれは、ご自分の手の上にご自分の顔をのせていらっしゃる神ご自身と見えるのだ」

シュリ・ラーマクリシュナは信者たちをごらんになり、彼の信者たちへの愛は無数の流れとなってふき出す。子供たちをやさしくいたわる母親のように、彼はラカールとナレンドラの顔やあごをおさわりになる。

数分後に、彼はMにおっしゃる、「もしこのからだが

あと数日間もってくれたとしたら、大勢の人々の霊性がめざめることだろうに」（一〇三二頁—一〇三三頁）

三、シスター・デーヴァマータ
（『プラブッダ・バーラタ』一九三二年一〇月号から）

シスター・デーヴァマータは、ローラ・グレンとして生まれ、スワミ・ヴィヴェーカーナンダの渡米のさい彼に会っている。一九〇〇年代の初期に、彼女は渡印し、何年間かインドに住んだ。彼女は、シュリ・サラダ・デヴィおよびシュリ・ラーマクリシュナの直弟子の多くに会った。後年、彼女はアメリカでのヴェーダーンタ運動にかかわった。彼女は本を何冊か書いているが、特に注目すべきものは、『シュリ・ラーマクリシュナ』および『インドの僧院の日々』である。

キリストは、「あなたがたのなかで最も偉大な者、彼をあなたの召し使いにしなさい」と言った。この価値の計りかたによれば、ラトゥ・マハラージは、シュリ・ラーマクリシュナの最も偉大な弟子たちのなかに入る。彼は奉仕の精神の生きた化身だったからである。彼は常に召し使いであった。人間の召し使いとして社会に出て、シュリ・ラーマクリシュナと出会うことによって神の召し使いとなり、師の死後は、彼は主の召し使いのなかでもきわだった召し使いとなった。武骨でずんぐりした体格そのものが、重荷を運び、負担を背負うためにできているようだった。彼は、そのつつましいつとめを投げ出そうとしたり、彼のダルマを変えようとしたりすることは決してなかった。後年、霊的な教えをもとめて彼のまわりに毎日のように集まっていた若者たちに向けて、『バガヴァッド・ギーター』を解説したりうちとけて話をしたりしはじめたときにも、彼は教師としてというよりもむしろ人間に仕える召し使いとしてそうしていたのだと私は思う。彼よりも学識のある兄弟弟子たちのなかには、彼がこのようにふだんの生活習慣から突然離れたのを見て、愛情深く優しくほほえんでいる人たちもいたが、後に、彼らのひとりが私に語ってくれたところによると、気づかれないようにして彼の言うことを聞いた後には、それ以上ほほえむことはできなかった、というのは、彼の智恵と彼の単純な語り口とに深く心を打たれたからだという。実際のところ、シュリ・ラーマクリシュナのもとに来たときから、ラトゥ・マハラージは教えを示していたのである。何人もの直弟子たちが、彼が師の世話をしているのを見ることで、仕えることについて学んだ、と私に告げている。

彼がシュリ・ラーマクリシュナのもとに来たのは、召し使いとしてであって、弟子としてではなかった。彼は、シュリ・ラーマクリシュナの熱心な信奉者であった裕福な在家の弟子の家に雇われていた。この紳士は、習慣としてシュリ・ラーマクリシュナに頻繁に贈り物を贈り、ラトゥはその贈り物を運ぶのに選ばれた人であった。シュリ・ラーマクリシュナは、この少年の粗野な外見をとおして、彼の魂が情熱に光りかがやくのを見ぬいていた。また師は、どれほど献身的に彼が主人の捧げ物を運んでいるか、また、ふたたび家路につくのをどれほどいやがっているかに気づいていた。そこである日、彼はその紳士に言った、「おまえはいつも私のために何かさせてくれと言うが、どうかね、この少年、ラトゥを私の召し使いとしてくれないか?」紳士は喜んで家に帰り、まるでチャダールか繊細な織りのドーティ（男性がまとう衣服）でも送るように、少年を送ってよこした。ラトゥは、あふれる心で彼の新たな奉仕を引き受けた。その喜びによって、彼の思いはより高く、より高く引き上げられ、ついには、全く気づかぬうちに彼は意識から超意識へ、そしてサマーディまで到ったのである。これは、彼が寺院に来てから一カ月になるかならないかのときに生じた。

師と弟子は、最も親しい関係にあった。時にラトゥは、師が十分に食事をとっていないからといって、まるで幼な子を叱るように師を叱りつけた。あるいは子供を気づかう母親のように師のそばにすわり、なだめすかしながら、もうちょっと、あともうちょっと、と食べさせるのであった。師がサマーディにあるときにはじゃまの入らないようにし、師が眠るときには見張りをした。彼は、弟子であり、母であり、保護者であり、番人であったが、何にもまして、彼は召し使いであることを選んだ。出家を許されてスワミ・アドブターナンダとして知られるようになった後ですら、弟子のなかで最もとるに足りない者とみなされたいという望みをかたくいだいていた。

私がラトゥ・マハラージに初めて会ったのは、カルカッタのバララーム・バーブの館であった。私は、ベルル僧院から来てそこに一時立ち寄っていたスワミ・プレマーナンダに会いに行っていた。スワミ・プレマーナンダは、ラトゥ・マハラージが私に会いたいと言っている、と伝えた。私は立ち上がり、私は館にいると彼に伝えるつもりで、私たちがすわっていた長い玄関の間を歩み出ようとした。ドアのところで、私は見なれないスワミに出会った。これがラトゥ・マハラージだと私は直観的に感じて、彼の足に触れようと前にかがんだ。彼は、抗議するように手を上げて、うしろに下がった。それから彼は身をかがめて私の足に触れようとした。私は手を上げて、うしろに下がった。知らない人が見たら、神秘的な踊りだと思ったかもしれない。何度か試みたが失敗に終わり、私たちはあきらめて二度とやろうとはしなかった。彼が私の足に触れようとするのは全くふさわしからぬことであったし、彼の常に低い地位をとる習慣からして私が彼の足に触れようとするのを好まなかったのである。私が彼に言った最初の言葉は、「お目にかかれてたいへんうれしゅうございます、スワミジー、シュリ・ラーマクリシュナはあなたを特にかわいがっておられたと存じておりますので」というものだった。「私の師は皆を同じようにかわいがっていた」というのが彼のぶっきらぼうな返事であった。私は幾分たじろいだ。何だかひどいへまをしたような気がした。彼は私の狼狽に気づいたに違いない。というのは、突然、彼は私にたいしてきわめて親しげで優しい態度になったからである。

そのときから、私たちは親しい友だちになった。彼は贈り物を持ってくる習慣を欠かさず、数日おきにボースパーラー通りの女子校に立ち寄って、オレンジや、グリーン・ココナッツや、そのほかちょっとした贈り物を私に置いて行ってくれた。一度、彼が私にベンガル語の『ギーター』の豆本を持ってきてくれたことがあるのを覚えている。私に読めないことは知っていたのに、めずらしい物として私が持っていたがるだろうと考えたのだ。このような訪問のとき、私は彼に会うことはなかった。私は学校でただ眠って食べていただけだった。日中は、私はムケルジー通りのウドボーダン・オフィスの上階の部屋でホーリーマザーと共に過ごしていた。しかし、バララーム・バーブの館に行ったときは、私たちはいつも短時間を共に過ごした――彼はそこに住んでいたので。私たちは、長い会話を交わしたことはなかった。彼は、私が彼のために持参したちょっとした小物に喜びを表わし、私の日ごろの様子をたずね、私は彼の様子をたずねた。それから、彼はシュリ・ラーマクリシュナやホーリーマザーのことについて少し話して、訪問は終わりになるのが常であった。

少なくとも英語のときは、ラトゥ・マハラージは口数の少ない人だった。彼はまた、要求の少ない人でもあった。彼の部屋がその証拠だった。それは、家の入口のすぐ右手にあった。ドアはほとんどいつも開いており、前を通るときには広いがらんとした空間が見えた。床には小さな薄いマット、いちばん奥には寝台用の低いテーブルがあった。片側には、いろりと消えかかったわずかなおき火があって、その上にはお茶のポットが置かれていた。私には、あのお茶のポットがラトゥ・マハラージが身体に許しているすべてを表わしていたのではないかと思える。

高い位置へ到るためにたたかっている人は、最も低い位置に栄誉を付与したシュリ・ラーマクリシュナのこの謙虚な弟子からすぐれた教訓を学ぶことができる。彼は人に従うことに喜びを見いだした、そして、その彼にヴィジョンがおとずれ、偉大な師との日ごとの親しいかかわりがおとずれた。彼は、彼のつつましいつとめの栄光によって輝き、そのつとめに彼は栄光を与えた。アシジの聖フランシスコは、彼自身および彼の修道士たちのことをしばしば「神の召し使い」であると語り、信者たちにはくり返し、ひたすら謙虚にして愉快な心で労働にいそしめ、と命じた。彼は言った、「主の召し使いであるということは、人々の心を高め、動かして、精神の喜びへ到らせる主の吟遊詩人であるということにほかならない」

ラトゥ・マハラージは、吟遊詩人の声を持ってはいなかったかもしれない、しかし、彼の生涯は、奉仕のよろこばしい歌であり、死に際しても、顔にはほほえみ、そして魂には歌をいだいていた。つつましい労働のその歌は、今は聞こえなくなってしまったけれど、その歌はより広い世界で響き続けており、彼は今でも神の吟遊詩人であり召し使いであるのだと、私は信じている。

四、クムドバンドゥー・セン

（『アドブターナンダ・プラサンガー』から）

クムドバンドゥー・センは在家の信者であり、スワミ・ヴィヴェーカーナンダに会っており、また、シュリ・ラーマクリシュナの直弟子たちの多くと親しいつきあいがあった。

私は一八九四年、アラムバザールの僧院でラトゥ・マハラージに初めて会ったが、彼のことを初めて聞いたのはシャシ・マハラージからで、私が少年の頃、バラナゴールの僧院を訪ねたときのことだった。シャシ・マハラージは私に語った、「シュリ・ラーマクリシュナの身内の弟子たちは、種々さまざまの花でできた花束のようなものだ。そのおのおのが、特定のバーヴァ（霊的な概念）の化身なのだが、全員がシュリ・ラーマクリシュナの愛という糸につらなっているのだ。ラトゥ・マハラージをごらん。ラームチャンドラ・ダッタがビハールからこの少年を召し使いとして雇った。ラームチャンドラは、果物や菓子や他の捧げ物を持たせて彼をシュリ・ラーマクリシュナの所にちょくちょく使いに出した。シュリ・ラーマクリシュナはひとめでこの少年が彼の身内の輪に属していることを理解なさった。何度か訪れた後に、彼はシュリ・ラーマクリシュナのもとにずっと滞在することになった。彼の仕え方は、どこかしら目を引くものだった。彼の主なつとめは、シュリ・ラーマクリシュナとホーリーマザーに仕えることだったのだが、同時にラトゥは霊性の修行に対してすさまじく強固な意志を持っていた。シュリ・ラーマクリシュナは読み書きの知識を多少持っていたが、ラトゥは全く文字を知らなかった」

これを聞いて、私はラトゥ・マハラージと話をしたいという強い望みをいだいた。僧院を訪ねたときには、私は彼が瞑想しているのをよく見ていたし、別のおりには彼の兄弟弟子たちが彼をだしにしてありとあらゆるおふざけをしているのに気づいていた。彼の純朴な人柄が兄弟弟子たちのユーモアの感覚を発揮させていたのである。

そこである日、私はラトゥ・マハラージと話をする目的でアラムバザールの僧院へ行った。挨拶を交わしたあと、私は彼の前に立っていた。彼は私にすわってくれと言ってから聞いてきた。「どこに住んでいるのか？ どんな家族か？ どうやってここに来たのか？」

それから彼は言った、「注意ぶかく書物を読みなさい。見たまえ、私の兄弟弟子たちがいかに博識か、彼らがいかにいつも熱心に学び瞑想しているか。ナレンドラ――彼はアメリカで何という奇跡を引き起こしたことだろう！ あの国の人々が彼の学識に驚嘆したのだ」

「人は神に注意を集中しなければならない。君が勉強に十分に注意を集中することができないなら、どうして神を求められるようになると期待することができようか。ときどきここに来なさい。毎朝主の御名をとなえなさい。まず沐浴して、清潔な衣服を身につけ、それから部屋の隅かひとりになれる場所にすわって、神を思いなさい。そうすれば君は今生で幸福を見つけるだろう」彼はヒンディーなまりのベンガル語で話していた。

別のおりにアラムバザールで、私はスワミ・サラダーナンダとスワミ・ヨガーナンダとがシュリ・ラーマクリシュナについて話しているのを聞いていた。ラトゥ・マハラージは南側のベランダの最前部にすわっていた。ちょうどそのとき、キルタンのパーティが通りをこちらにやってきた。ラトゥ・マハラージは、彼らの信仰の歌を聞いているうちに恍惚境に入ってしまった。スワミ・サラダーナンダはすぐに彼の状態に気づき、「ラトゥが恍惚状態に入った――落ちないように気をつけろ！」と叫んだ。スワミたちはラトゥ・マハラージの所に行って、主の御名をとなえはじめた。しばらくとなえていると、ようやくラトゥ・マハラージは外界の意識を取り戻した。彼は「何でもない」とだけ言ってから、シュリ・ラーマクリシュナの聖堂の方向に急いで立ち去った。人がサマーディに入っているのを見たのは私にはこれが初めてだった。スワミたちはふたたび会話にもどり、このできごとについてはひとことも触れなかった。このような経験は直弟子たちのあいだでは普通のことであって、とりたてて意見を述べる必要のあることではないと彼らが考えていることが後になってわかった。

アラムバザールの僧院で、後にはニラムバール・バーブのガーデン・ハウスで、そしてまたベルル僧院で、スワミジーとスワミ・ブラマーナンダとが二人でラトゥ・マハラージをしょっちゅうからかい、一方、彼が彼らを純真な少年のように信じているのに私は気づいていた。たとえば、スワミジーの西洋人の弟子の誰かが目に入ろうものなら、彼はいつもこっそり出て行くのだった。ある日、スワミジーがふざけて彼に言った、「ブラザー・ラトゥ、今度君はアメリカに行かなければならない。君に会いたがっている人がたくさんいる。彼らは君がシュリ・ラーマクリシュナのお気に入りの弟子だったと知っているからね」

ややまごついて、ラトゥ・マハラージは言った、「ブラザー・ナレン、僕は行かない。作法や習慣が違う。僕には合わせられない」

「何だって！」と、スワミジーが言った。「彼らもシュリ・ラーマクリシュナの信者なのだ。そして彼の御名によって国じゅうが神聖な場になっているのだ。彼らは君を愛し、尊敬するだろう」

ラトゥ・マハラージは手を組み合わせて答えた、「だめだ、だめだ。勘弁してくれ、兄弟、僕には行けない。僕は無学な人間だ。僕は何も知らない。僕は彼らに話すことなどできない、英語がわからないのだから」この調子でしばらく会話が続いた。最後に、スワミ・ブラマーナンダが割って入り、「それでも彼らは君をつかまえて無理にアメリカに連れて行くだろうさ」と言った。これを聞くと、ラトゥ・マハラージの顔は青ざめ、みなは笑った。しかし、彼にはこのような言葉がただの冗談で言われたものだとはわからず、誰にも告げずに僧院を去ると、カルカッタのバララーム・ボースの館に逃げていった。私はこのようなできごとを何回も見た。西洋人にたいする彼のおそれを取り除いてやるために、スワミジーはラトゥ・マハラージをカシミール旅行に同伴した。

ある日、バララームの館で、私は、シュリ・ラーマクリシュナの印象を話してくれとラトゥ・マハラージにたのんだ。彼は、やや重々しく言った、「君はスワミ・ヴィヴェーカーナンダに会ったことがあるか？　彼についてどんなことに気がついたか？」

「彼は神に恵まれた人でした」と私は答えた。「彼がこの恵みをそなえていたので、彼に会ったり、彼の話を聞いたりした人々もまた、その味わいを得たのでしょう」

するとラトゥ・マハラージの顔がかがやいた。そして彼は言った、「スワミジーは神に恵まれた人だった――本当だ。ではシュリ・ラーマクリシュナのことを考えてみなさい。彼はその百倍、恵みに満ちていたのだ。あの恵みにならぶものは何もない」。こう言うと、彼はふたたび厳粛になり、私が彼を見つめているうちに、彼はさらに厳粛に、内省的になっていった。

シュリ・ラーマクリシュナのこの無学の弟子を見て、私はよく考えたものだ。彼の知識にくらべたら、聖典の知識がいかにとるに足りない狭いものか。彼の知識は、悟りと直接の知覚をとおして得たものだ。彼は、非常に単純な言葉で、最も深遠な哲学的なことがらを表現する。スワミ・アドブターナンダの生涯にあらわれたシュリ・ラーマクリシュナの奇跡的な力とは何とすばらしいものだろう、と。

ある日、スワミ・アベダーナンダが、シュリ・ラーマクリシュナの理想を説くために彼が西洋でどれほど苦労したか、またスワミジーの死後、彼の講演が多くの西洋の学者たちからどれほどたたえられたかを私に話していた。私は彼に言った、「マハラージ、あなたとスワミジーは、完成されたブラフマンの語り手であり理解者です。

シュリ・ラーマクリシュナの恩寵によってこのようなことがあなたがたにおきたのは不思議ではありません。しかし、ラトゥ・マハラージは無学の人です。彼のすばらしい生涯と知識は、シュリ・ラーマクリシュナの奇跡的な力のすばらしい実例です」

スワミ・アベダーナンダはこの言葉に動かされて、優しく言った、「そうだ、君の言うとおりだ。私たち兄弟弟子は、ラトゥをシュリ・ラーマクリシュナの奇跡だと思っている。彼のような偉大な人は、非常にめずらしい」

ラトゥ・マハラージがバララーム・ボースの館に滞在しているあいだに私が彼を訪ねたとき、彼が信者たちにたいしてどれほど深い愛をいだいているかを見て私は驚嘆した。老いも若きも、シュリ・ラーマクリシュナの信者はみなそこへやってくるのだった。あるとき、若者がスワミに近づいて、仕事をやめて残りの人生を霊性の修行を実践しながらいろいろな寺院や聖堂を巡礼して過ごそうと計画している、と彼に話した。ラトゥ・マハラージは、きびしく答えた、「すると君は、浮浪者になって、ご両親に期待されているつとめを避けるつもりだな！ だめだ！ 今の君のつとめは、ご両親に仕え、特に君の年取ったおばあさんに仕えることなのだ。おばあさんは君が子供の頃から君の面倒を見てくれた。君が仕事をやめたら、誰が彼らをやしなっていくのだ？」

「君が神にたいしてどんな信仰を持っているか、私にはわかっている！ 君はどのくらいの時間、瞑想しているか？ 君があちこちふらふらしているのをときどき見ることがある。両親の世話をしないことによってティヤギス（放棄者）のふりをする者は、一心に信仰して神を求めることは決してできない。彼らは落ち着きなく日々を過ごすのだ。シュリ・ラーマクリシュナはよく言っておられた、『両親は、生きた神である』と。人は、両親に仕え、彼らの面倒を見なければならない。彼らの祝福を請わなければならない。まず、彼らの必要なものを手配しなさい。それからであれば、君はひとり隠栖して、霊性の修行を実践できる。そうして初めて、君はたえまなく神を求めることができるのだ。その誤った態度を捨てなさい。ほんものの放棄が君に訪れたときには、神ご自身がすべての手はずをととのえてくださる。何かを無理してやったり、衝動的にふるまったりしてはならない」

それから彼は私を見て、言った、「ごらん。彼は年取ったご両親を支える手だてを講じないで僧になろうとしている。この世にこれ以上の罪はない。霊性の修行をやってくれと彼に言えば、五分で彼は終えてしまう！　どれほどの放棄が彼にできるかちょっと注意していてごらん！　だが、誰かが全身全霊で神を求めるなら、神はすべての手はずをととのえてくださる」

このように、ラトゥ・マハラージは、しっかりとした助言と叱責との両方を使って、信者の理解を正したものであった。

私は何度か、ヴァラナシへラトゥ・マハラージに会いに行った。私は彼の愛と慈悲の心を決して忘れることはできない。彼は身をもって教える教師であり、彼の信者たちが霊性の修行をつうじて生を築いてゆくのを常に助けてやっていた。彼はいつも、彼らの質問に単純かつ率直に答えていた。彼を見るだけで、私たちは、偉大な魂の存在を知った。それは、神の恵みに満たされており、単純で子供のようであった。かつて、ヴァラナシで彼は私に言った、「シュリ・ラーマクリシュナはよく言っておられた、『カーシー（ヴァラナシ）は黄金の町だ。偉大な神であられる主ヴィシュワナートが、至高のマントラを授けることによって個々人の魂を解放している』と。ヴィシュワナートの慈悲は無限だ。母なる神アンナプルナは皆に食物を与えてくださる――物質の食物だけでなく霊的な食物もだ。神は、アヴァターラとして、人として化身し、そうすることによって、この世を祝福しておいでになる。君が、この聖地ヴァラナシにいる間にそれを覚えておきなさい」

私は今でもこのときの彼を覚えている。静かにすわり、すっかり思いにふけっていた。帰りぎわに、私は彼の前にひれ伏した、すると彼は愛情をこめて言った、

「君はアドヴァイタ・アシュラマに泊まっている。ときどき私を訪ねにおいで」

私はよく、彼の無限の慈悲と喜びに満ちた顔とを思い出す。そして、彼の神々しい姿は、私の記憶のなかにいつまでも生きながらえているのである。

五、スワミ・シッダーナンダ

ラーマクリシュナ僧団の僧、スワミ・シッダーナンダは、ヴァラナシにいたころのラトゥ・マハラージに仕え、彼と親しく交わった。彼は、ラトゥ・マハラージに関するベンガル語の二冊の書物の著者である。(以下は、ベンガル語の『アドブターナンダ・プラサンガー』および『ウドボダーン』誌、第五二年、第二号に掲載されたものの英訳である)

ラトゥ・マハラージがヴァラナシのパンド・パウリの館に住んでいたときのある午後、ひとりの信者がドアをノックした。ラトゥ・マハラージが上の階から「誰だ?」と叫ぶと、「ラーメーシュワルです、ラングーンから来ました」とその男性が答えた。ラトゥ・マハラージはすぐに付き添い人に、ドアを開けて彼を中に入れてくれ、と頼んだ。私たちは、この信者にたいして示されたラトゥ・マハラージの異例の愛と親しみとに打たれた。

ラーメーシュワル・バーブは、ひと月のあいだラトゥ・マハラージと共に過ごした後、ある日、ラングーンへ戻りたいと言った。ラトゥ・マハラージは言った、「なぜ君は家に戻りたいのか? この聖地にとどまり、ヴィシュワナートやアンナプルナ寺院を訪ねなさい。修行者たちと交わりなさい。ヴァラナシはシヴァの住みかだ。ここでは時間を最も有効に使うべきだ」

あるとき、ラトゥ・マハラージは、ラーメーシュワル・バーブにチャンドラ・マハラージのところに行くように促した。チャンドラ・マハラージは、ヴァラナシのラーマクリシュナ・アドヴァイタ・アシュラマで霊的な助言を与える担当であった。彼が戻ってくると、ラトゥ・マハラージは、どんな助言を受けたか、と尋ねた。信者は答えた、「チャンドラ・マハラージはおっしゃいました。現世では、人は自分のカルマの結果に苦しまなければならない。しかし、全身全霊をかたむけて神を求めれば、神はかならず、その人に恵みを垂れ、その人をマーヤーの束縛から解き放ってくださる。すると、その人はカルマの結果に苦しまなくてもよくなる。この宇宙を創造し、宇宙を支配する法をお作りになった方は、法を破ることもおできになる。すべては神のご意志である。神が望めば、彼は人をカルマの結果から解き放つことがおできになる。神の名の一つは、『カパルモーチャン』、つまり『運命を変える人』というのだ、と」

ある日、ラーメーシュワル・バーブは、「マハラージ、肉や魚を食べるのは良いことですか?」と尋ねた。ほほえみながら、ラトゥ・マハラージは答えた、「肉や魚を食べることが何だ? 君の心がそれらを求めているかぎり、食べなさい。食べたくないと思うなら、食べるな。霊的な生活で大事なことは、神への愛と帰依と信仰とを持つことだ。彼は私たちの近しい身内なのだ。彼は、すべての存在の心のなかに生きている。生命を維持するために何かを食べることに罪はない。肉や魚を食べることが、神への堅固な愛を持っている者の害にはなりえない」

また別の日、ラトゥ・マハラージは、ラーメーシュワル・バーブに「奥さんはどんな様子か?」と尋ねた。彼は、「善良な女なのですが、神についての知識をそれほど持っていないように思えます」と答えた。ほほえんで、ラトゥ・マハラージは言った、「おお、彼女は神の知識を持っていなくても、君が持っている! 君の奥さんは、彼女にとって必要なものを得たのだ。ならば、君は君自身のために何かを得るようにしなさい」ラーメーシュワル・バーブの妻は、純粋で信心深い女性であり、ラトゥ・マハラージは霊的な洞察力をつうじてそれを知っていた。彼女は、数年後、おだやかに亡くなった。

一九一八年、第一次世界大戦の後、ある信者が、軍服を着てラトゥ・マハラージを訪ねてきた。他の衣服を持っていなかったのである。彼には、その服を着て修行者の前にすわっているのが居心地悪く感じられ、少ししてから、市場に行って何か民間人の服を買ってくることに決めた。そこで、彼は、すぐ戻ってきます、と言って、ラトゥ・マハラージにしばし外出する許可をもとめた。スワミは、高揚したムードにあった。すぐに彼は付き添い人に言った、「この信者にドーティをあげなさい。軍服姿でここにいるのが恥ずかしいのだ」信者は当惑して言った、「マハラージ、何をおっしゃるのですか？　私たちがあなたに物をさしあげるのであって、その逆ではありません」ラトゥ・マハラージは、「ここにある物はすべて信者のためのものだ。私にはごくわずかしか必要でない」と言った。

ある日、ラトゥ・マハラージは、彼に会いに来た多くの信者たちに囲まれていたときに、会話のなかで言った、「ブラフマンを知る者は、自由を与えることができる。では、彼は金や富も与えることはできないのか？　だが、黄金や財産は、とるに足りないものだ。ブラフマンを知る者は、望むだけで君がほしがっているものは何でも与えることができる。彼の望みと神の望みとは同じであることをはっきりと知っておきなさい。ブラフマンを知る者には、特別に神は姿をあらわされるのだ」

また別の日、ある信者が尋ねた、「マハラージ、なぜ皆がたくさんのお金を持っていないのですか？」ラトゥ・マハラージは答えた、「君はカルカッタの祭りを見たことがあるか？　そこでは多くの人々が行列をなしてすわっており、世話人が食べ物を配っている。幾人かの年かさの身内が世話人に向かって『この子にあと二つお菓子をやって下さい、それからあの子にはもう一つ』と呼びかけるかもしれない。しかし、世話人は、小さな子供はたくさん食べることはできず、食べすぎたら病気になることを知っている。だから、その男が叫んでも、世話人たちは食べ物を配るにあたって彼らなりの判断を下す。彼らは、幾人かの子供には、彼らが食欲旺盛と見れば、無理にもっと食べ物をやることすらあるかもしれない。神の場合もこれと同じだ。彼は、個々人の能力に応じて富を配分する。いいかね、神は慈悲深いお方なのだ。彼は、惜しみなく私たちに与えて下さりたいのだ。だが、私たちはもらいすぎるとバランスをくずしてしまうだろう、だから彼はよくよく思慮なさって私たちに与えて下さるのだ」

ラトゥ・マハラージがヴァラナシのハラールバーグに住んでいたころのこと、ある信者が表で煙草を吸いながら他の信者たちとしゃべっていた。スワミは、それを知って言った、「人々は、修行者との交わりを求めてヴァラナシに巡礼でやって来るのに、あの下賤の連中はうわさ話をしている。あの信者に、ここに来てくれ、と言え」その信者が来ると、ラトゥ・マハラージは優しく、足をマッサージしなさい、と言った。それから彼は言った、「君は修行者との交わりを求め、また修行者たちに仕えるためにヴァラナシに来た。なのに、君はむだ話にふけって時間を浪費している」スワミは、付き添い人以外の人々から身の回りの世話を受けることはあまりなかったが、ときおり、慈悲の気持ちから、その人の霊的な幸福のために世話を頼むことがあった。

毎夕、ラトゥ・マハラージの牛乳は、若い乳しぼりの女性が配達していた。あるとき、彼はある信者が彼女としゃべってふざけているのに気づいた。彼はその信者に言った、「夕方だ（夕方の瞑想の時間）。君は神を思うために修行者のもとに来たのに、その娘とふざけているのか？」

神に関する話題以外についてラトゥ・マハラージと何か話せる者は誰もいなかった。ある日、ひとりの信者が世俗のことがらについて話し始めると、ラトゥ・マハラージは不快感をあらわにして、話題を変えた。会話がシュリ・ラーマクリシュナやスワミ・ヴィヴェーカーナンダのことに及ぶと、彼はすっかり我を忘れた。あるときなど、彼は師とスワミジーのことについて午前七時半に話しはじめて、午後の三時半になるまで話し続けていた。付き添い人が、信者たちが食事していないことを彼に思い起こさせるまで、彼は自分が昼食をとるのを忘れていたことにも気づかなかった。

ラトゥ・マハラージは、ひと晩じゅう眠らないでいたものである。誰かが彼の部屋に入ると、彼は、「誰だ?」と尋ねていた。

彼は、ひとりの信者に言った、「私を見張るな。私は何でも好きなことをやっている。ジャパムや瞑想をやりたくなったら、やる。やりたくなかったら、やらない。君には関係ないはずだ」彼のムードを理解できる者など誰もいなかった。

晩年、ラトゥ・マハラージが人々の心の内なる働きをはっきりと見ることができていたのに私たちは気づいていた。

あるとき、ある信者が尋ねた、「マハラージ、人が一二年間、うそを言わない修行をすれば、その人は真実にしっかりとした足場を持つようになり、彼が言うことは何でも起こる、というのは本当ですか?　たとえ彼が不可能なことを話したとしても、それもやはり真実になるのですか?」

ラトゥ・マハラージはほほえんで答えた、「確かに、一二年間真実を話し続けた人は、その考えにおいても真実である修行をしたにちがいない。だから、そのような人々は、不可能なことを考えることすら、もはやできないのだ。それを言うにいたってはなおさらだ。彼らは、真実であることしか話せない。それ以外のことは何も話せない。一二年間うそを言わない修行をすることで、身体と心が律せられるようになり、真実でないことやばかばかしいことを言うことはできなくなる」

誰かが怒っているのを見たときにはいつも、彼は言っていた、「彼に触れるな。彼は不可触民になっている。君が彼に触れれば、沐浴して君自身をふたたびきよめなければならなくなる」誰かが怒りにまかせて誤った行いをすれば、ラトゥ・マハラージはその人の怒りがおさまるまで彼に何も言おうとしなかった。彼はよく言っていた、「かんしゃくを起こしている者をなだめようとするのはエネルギーのむだづかいであり、みのりのない努力だ。彼が落ち着きを取り戻したときに話しかけるほうが役に立つ」あやまちをおかしたある僧には、彼は言った、「君が私と暮らしているときに何か間違ったことをすれば、シュリ・ラーマクリシュナの評判をけがすことになるのだ。人々は、これが師の教えなのか？　といぶかるだろう。だが、君が清らかで正直であれば、人々は君が師の願いにつき従っていると知るだろう」

ラトゥ・マハラージは、シスター・ニヴェディターが彼女のグルであったスワミ・ヴィヴェーカーナンダに抱いていた愛について、また、彼らがカシミールを旅したさい、スワミジーが馬から降りるときにニヴェディターがいつもどのように彼の靴ひもをほどいていたかについてよく話していた。ラトゥ・マハラージはくり返し言っていた、「グローブ・クリパ・ヘ・ケーヴァラム（グルの恩寵が、唯一必要なものである）。それは不可能なことすら可能に変える。グルと共に暮らさなければ、グルの偉大さを理解することはできない」

彼が最後の病いにあったある日、私たちは彼をヴァラナシのアンナプルナ寺院に連れて行った。寺院は、人でごった返していた。ラトゥ・マハラージは、何人かの人に支えられて神像の前に立っていた。「母」を見つめているあいだ、彼は身動きせず、手を組み合わせて、まばたきひとつしなかった。彼は、母なる神の生きたお姿を見ていたのだ。彼は、外界の意識をなくしていた。涙が頬をつたい、髪は逆立っていた。あの恍惚のムードを目撃した人たちは、本当にめぐまれていた。彼の付き添い人たちは注意ぶかく彼を住居に連れ帰った。その日の残りは、彼は静かに横たわっていた。何か召し上がりませんか、と尋ねられても、彼は何も答えなかった。

多くの信者たちがラトゥ・マハラージを訪ねて来たが、彼の病いのため、私たちはあまり多くの人々を彼に会わせるわけにはいかなかった。信者たちの熱心さを見て、彼は言った、「彼らを止めるな。神について語るのは私にとって喜びなのだ。この身体は永遠ではない。二～三日すれば死ぬだろう。だが、悲しむな。どれほど多くの人々が神についての話を聞きたがっていることか。その欲求は、神の特別な恩寵をつうじて生まれているのだ。神への真のあこがれは、修行者との交わりの結果だ。そして人は、多くの良いおこないの結果としてのみ、修行者と交わる機会を得るのだ。はじめは、修行者と交わる価値を認めるのは難しいが、人はついにはその効験を理解するようになる」

六、スワミ・バスデーヴァーナンダ

ラーマクリシュナ僧団の僧、スワミ・バスデーヴァーナンダは一時、ラーマクリシュナ僧団の発行するベンガル語の雑誌『ウドボーダン』の編集長をしていた。（以下は、『ウドボーダン』誌、第五七年、第二号に掲載されたものの英訳である）

一九一六年、私はスワミ・プレマーナンダとスワミ・シヴァーナンダのお供をしてヴァラナシを訪れた。滞在中のある日、スワミ・プレマーナンダ（バブラーム・マハラージ）は、スワミ・ラーガヴァーナンダと私とをヴァラナシのソーナープラー区のラトゥ・マハラージの滞在地へやって、彼を訪問させた。私たちが到着したとき、ラトゥ・マハラージは、ヴェランダに置かれた間に合わせの簡易寝台に横になり、頭から足先までチャダールにくるまっていた。彼の付き添い人であるパシュパティが、ちょっと待って下さい、ラトゥ・マハラージはすぐおめざめになりますから、と言った。それで、私たちは彼のかたわらでカーペットにすわった。

やにわに、ラトゥ・マハラージは、「教育のあるやつらとは話したくない。あっちへ行け、あっちへ行け！」と叫んで私たちをおどろかせた。私たちはあっけにとられたが、パシュパティは笑って、私たちに動かないようにと身ぶりで示した。ラトゥ・マハラージのもう一人の付き添い人であるチャールが部屋に入ってきて、スワミ・ラーガヴァーナンダにあいさつをした。それから彼は、「こちらはハリハル（著者の出家前の名前）で、バブラーム・マハラージの付き添い人です」と言って、私をラトゥ・マハラージに紹介した。チャールは、バブラーム・マハラージが私をラトゥ・マハラージを訪ねによこしたことをすでに知っていた。

寝台に横になったまま、ラトゥ・マハラージは付き添い人に、「この者たちにプラサードをやったか?」と尋ねた。それから彼はチャダールをよけて、私たちに、「もう私は年寄りだ、だから日中少し眠るのだ」と言った。彼は私たちにベルル僧院の近況を尋ね、スワミ・ブラマーナンダ、スワミ・プレマーナンダ、スワミ・シヴァーナンダ、そして「M」が元気かを尋ねた。彼は私に、「一日二日したらバブラームを訪ねよう」と言った。

スワミ・ラーガヴァーナンダが「マハラージ、シュリ・ラーマクリシュナについて何かお話し下さい」と言った。

ラトゥ・マハラージは答えた、「私に何が言えようか? 君たちはみな、教育のある者たちだ。私はヴィシュワナートの足もとにいる無学な人間にすぎない。彼の無限の慈悲によって、彼は私に少しの食べ物を下さる。私はもう年寄りだ、だから、彼は私に付き添い人をあてがって下さっている。時勢は悪い。以前ならば二アンナで二食まかなえたものだが、今は一食分もまかなえない。そしてついに老年期が来た。私はロレンの言った例の言葉が好きだ、『肉体を持っているというのは厄介なことだ』というのだ。この肉体は実に、すべての苦しみの原因だ」

彼は、ヒンディー語とベンガル語との混じりあった彼の言葉で話しつづけた。『放棄だけが人を恐れを知らぬ者にする』とハルトリハリは言った。この世には何があるか? シュリ・ラーマクリシュナは、『種と皮』とよくおっしゃっていた(注一)。自尊心を示したり怒ったりしてはならない。そのようにするときに、マーヤーがその者をわなにかける。そうではなく、人は、完全に放棄し、待たなければならない。いつヴィシュワナートの恩寵が君に下るか、誰にわかるか? 自己放棄だけが必要なのだ。おそれるな。いつか、主の恩寵が君に下るだろうから。シュリ・ラーマクリシュナはよくおっしゃっていた、『夕方までには君は葉っぱの皿をもらえるだろう』

（注二）と。我慢強く、待て」

スワミ・ラーガヴァーナンダが言った、「マハラージ、ヴィシュワナートはあなたを祝福なさいました。私たちも祝福して下さい、と彼に伝えて下さい」

ラトゥ・マハラージは答えた、「わかった。ときおり、ヴィシュワナートは私に恵みを垂れて下さる。だが覚えておきなさい、若者よ、彼の恩寵を望むならば、君は忠実な犬のように彼の扉の所にいなければならない。神のヴィジョンが得られるかどうかは、君の意志によって決まるのではない――君の方が彼の意志に頼らなければならないのだ。君は、君自身を完全に放棄しなければならない。君が彼を必要としているかいないかなど、彼にとっては何であろうか？　君が必要としているならば、君は恵まれた者として恩恵を受けることができる。必要としていなくても、彼は気にしない。だが、マーヤーは君を催眠術にかけて、君をとりこにするのだ」

また別の日に、バブラーム・マハラージが、私たちのうちスワミ・ヴィシュッダーナンダ、スワミ・マーダヴァーナンダ、スワミ・ラーガヴァーナンダ、スワミ・シャーンターナンダを含めた何人かを伴ってラトゥ・マハラージを訪問しに行った。このときも、ラトゥ・マハラージは同じ間に合わせの簡易寝台に横になり、頭から足先までチャダールにくるまっていた。バブラーム・マハラージは彼に声をかけた、「やあ、パラマートマン（訳注＝至高霊）！　起きろ、起きろ」。

「なぜ私のじゃまをするのだ？」と、ラトゥ・マハラージがチャダールの下から答えた、「夕べは一睡もしなかったのだ」。

「さあ、起きろ、起きろ！　瞑想しているのは十分よくわかっている」

するとラトゥ・マハラージは起き上がり、二人の兄弟弟子はあいさつをかわした。それから、私たちは全員、屋上のポーチからラトゥ・マハラージの部屋へ移動した。バブラーム・マハラージとラトゥ・マハラージは簡易寝台にすわり、私たちの残りの者はカーペットにすわった。少し雑談してから、バブラーム・マハラージはラトゥ・マハラージに言った、「さて、師の私たちへの愛について話してくれ」

彼は答えた、「ああ、それを言い表すことなどできない！　どうして人が神の愛を理解できようか？　『バガヴァータム』の朗読を聞くと、私たちはヴリンダーバンのゴピーのクリシュナへの愛をいくぶん理解することができる。しかし、いったいどれほどシュリ・クリシュナが彼女たちを愛していたか――それについては私たちにはまったくわからない。聖典を読んだり聞いたりしても、彼の愛の深さをおぼろげにうかがい知ることしかできない。ゴピーは、なぜクリシュナにひきつけられるのか、気がついていなかった。彼女たちは原因を知らなかった。どのようにして磁石が鉄をひきつけるのか、鉄にわかるか？」

私たちに向かって、バブラーム・マハラージは言った、「こんな説明を聞いたことがあるか？　彼の考え方をよく追いかけて、彼の言ったことをシュリ・ラーマクリシュナが教えられたことと比較しなさい」

次に、私たちの会話は『バガヴァータム』の一節に移った。「主が持っている引力は非常に大きいので、疑いや欲望をいっさい持たないギャーニ（ブラフマンを知る者）ですら、彼への理由のない愛にどうしようもなく引きこまれる」（一・七・一〇）。私たちはこの一節の意味について尋ねた。ギャーニがどうして神への愛に圧倒され得るのか？

「人がギャーニでないならば、」とラトゥ・マハラージは言った、「クリシュナがギーター（注三）で述べているような『一者のみに帰依する』ということがどうして可能だろうか？　この一者のみが実在であり、他のものはすべて非実在である。この真理を悟らないで、どうして一者に帰依することなどできようか？　君が二元性に気づいている限り、一者への愛を持つことはできない。ギャーニは分別知で神を見ているのではない。彼は神が彼のまさに魂であることを知っている。人間にとって、彼自身の自己よりもいとしいものがあろうか？」

夕暮れだった。私たちはバブラーム・マハラージに付いて、夕拝のためにケダールガートへ行った。彼は言った、「ここと、それからマニカルカーガートで、シュリ・ラーマクリシュナは多くの神のヴィジョンを経験なさったのだ」。たそがれの厳粛さ、聖なるガンガー、ほら貝と鐘の音、ともしびの花輪、そして偉大な人の瞑想する姿が、私の心を震わせた。しずかに、私たちは主の御名をとなえはじめていた。

（注一）シュリ・ラーマクリシュナはこの世を、ほとんど全部皮と種しかないテリハタマゴノキにたとえていた。さらに、この実を食べた人は疝痛におそわれることがある。

（注二）インドの大きな祭りでは、葉でできた皿に食べ物をのせて配ることがしばしばある。全員がすぐにもらえるわけではないので、皿を受け取らないまま日暮れまでも待たなければならない人々もいる。しかし、最終的には全員がもらえる。

（注三）「四種の人間が私を崇拝する。すなわち、世俗の快楽に飽きた者、知識を求める者、幸福を求める者、そして賢い者である。これらのなかで、賢い者たち、つまり、常に一者のみに忠実であり一者のみに帰依する者たちが最も良い。私はその者にとって非常にいとしい者であり、彼は私にとっていとしい者であるから」（『バガヴァッド・ギーター』第七章第一六―一七節）

スワミ・アドブターナンダ
—教えと回想—

2000 年 02 月 07 日　初版発行
2006 年 12 月 26 日　2 刷発行
発行者　日本ヴェーダーンタ協会
印刷所　株式会社　平河工業社
発行所　日本ヴェーダーンタ協会
249-0001　神奈川県逗子市久木 4-18-1
Tel 046-873-0428　Fax 046-873-0592
E-mail info@vedanta.jp
http://vedanta.jp
郵便振替　00120-6-8036
Printed in Japan

ISBN4-931148-22-0

—— 日本ヴェーダーンタ協会刊行書 ——

『Srimad Bhagavad Gita』（新刊・ハードカバー）220 頁、B6 変形。定価（本体 1400 円＋税）
シュリーマッド・バガヴァッド・ギーター。ローマ字とカタカナに転写したサンスクリット原典とその日本語訳。
『ホーリー・マザーの生涯』320 頁、A5 版。 定価（本体 1900 円＋税）
『ホーリー・マザーの福音』320 頁、A5 版。 定価（本体 1900 円＋税）
『瞑想と霊性の生活１』 定価（本体 1000 円＋税）
『ラーマクリシュナの福音』 定価（本体 6300 円＋税）
『ラーマクリシュナの生涯——その宗教と思想』上巻 定価（本体 4900 円＋税）
『抜粋ラーマクリシュナの福音』 定価（本体 1550 円＋税）
『霊性の師たちの生涯』 定価（本体 1300 円＋税）
『最高をめざして』 定価（本体 1000 円＋税）
『永遠の伴侶』 定価（本体 1500 円＋税）
『わが師』 定価（本体 1300 円＋税）
『秘められたインド』 定価（本体 1500 円＋税）
『神を求めて』 定価（本体 900 円＋税）
『ヒンドゥイズム』 定価（本体 1300 円＋税）
『カルマ・ヨーガ』 定価（本体 1000 円＋税）
『バクティ・ヨーガ』 定価（本体 1000 円＋税）
『ギャーナ・ヨーガ』 定価（本体 1400 円＋税）
『ラージャ・ヨーガ』 定価（本体 1000 円＋税）
『シカゴ講演集』 定価（本体 500 円＋税）
『スワミ・アドブターナンダ——教えと回想』 定価（本体 1000 円＋税）
『ラーマクリシュナ僧団の三位一体と理想と活動』 定価（本体 900 円＋税）
『霊性の修行』 定価（本体 900 円＋税）
『インド賢者物語』 定価（本体 900 円＋税）

—— 日本ヴェーダーンタ協会刊行ＣＤ ——

『ディッヴャ・ギーティ DIVYA GITI（神聖な歌）１～２』新 CD 各定価（本体 2000 円＋税）
インドには信仰歌という豊かな伝統があります。聞く人のハートに慰めと純粋な喜びをもたらし、神への歓喜を呼び覚ます歌です。この CD では、神人シュリー・ラーマクリシュナ御自身や世界的に知られた愛弟子スワーミー・ヴィヴェーカーナンダ達が歌われた歌が選曲されています。その面影が偲ばれる美しいメロディーは、ラーマクリシュナ僧団の僧侶やインドの歌い手達によって歌い継がれてきたものです。ＣＤの歌詞には原典のカタカナ表記と日本語の意味も合わせて載せています。
『ディヤーナム（瞑想）』 定価（本体 2000 円＋税）
瞑想の実践のためのＣＤ。パンフレットにＣＤの全文あり。
「普遍の祈りと賛歌」 定価（本体 2000 円＋税）
サンスクリットで書かれたヴェーダ・マントラの朗唱と賛歌のＣＤ。
「シュリマッド・バガヴァッド・ギーター」 ３枚組 定価（本体 5000 円＋税）
サンスクリットで書かれたバガヴァッド・ギーターの朗唱のＣＤ。

＊協会隔月雑誌「不滅の言葉」(48 頁)。4000 円を振込まれますと１年間の準会員となります。年６回発行の内、特別号（約 96 頁）が１回つきます。準会員になられた方は販売割引等の特典があります。
＊協会に直接御注文の場合は消費税がつきません。協会には信仰の歌のテープ、写真、線香もあります。詳しくはカタログをご請求ください。